AF617201

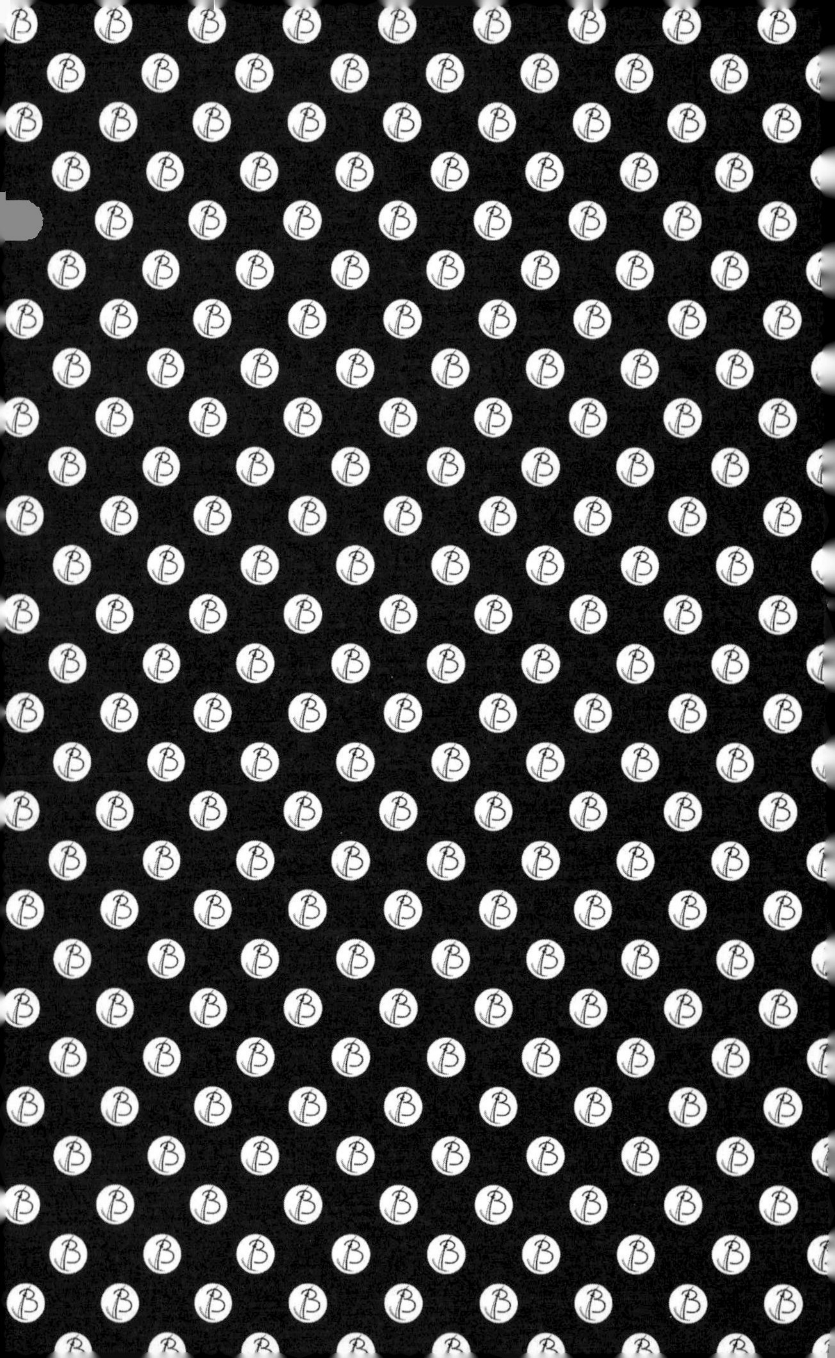

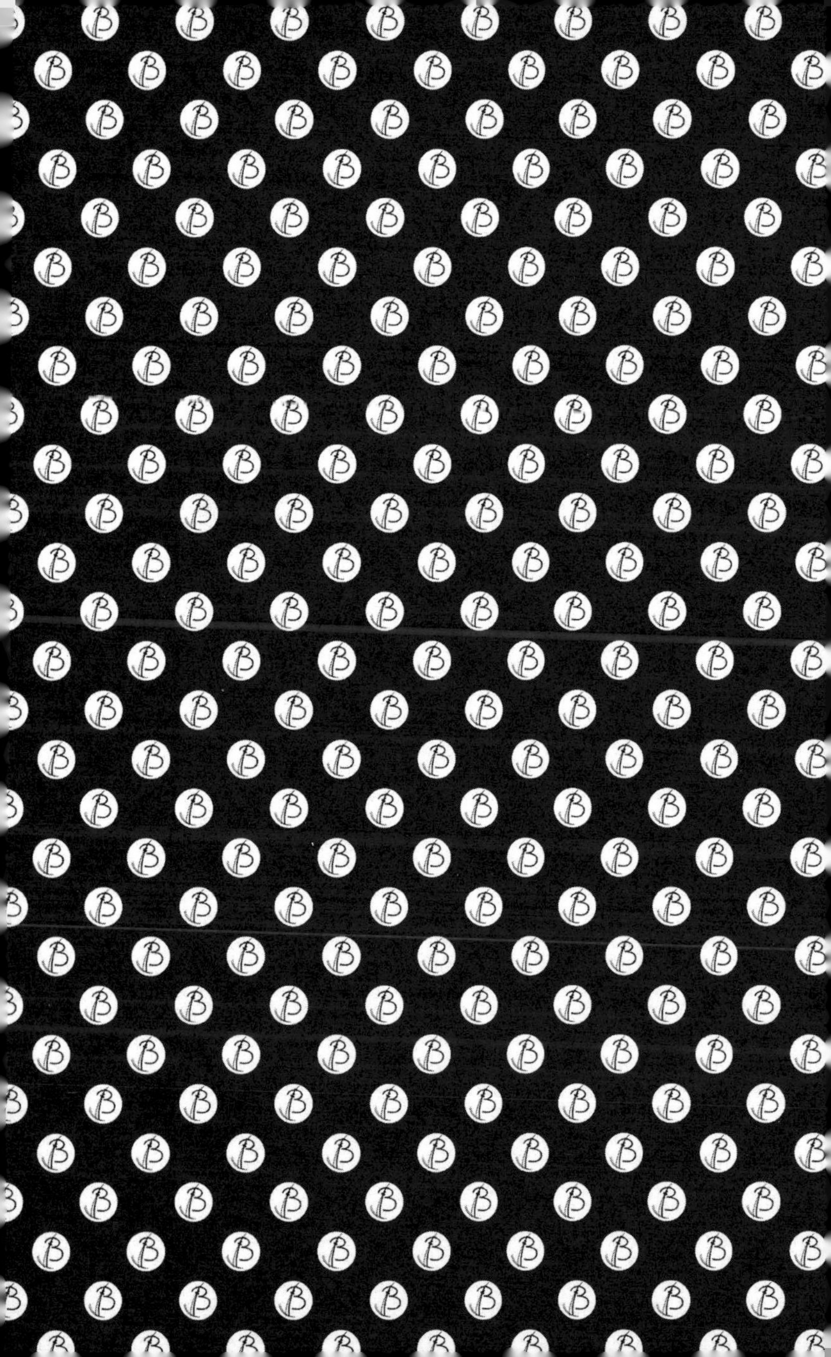

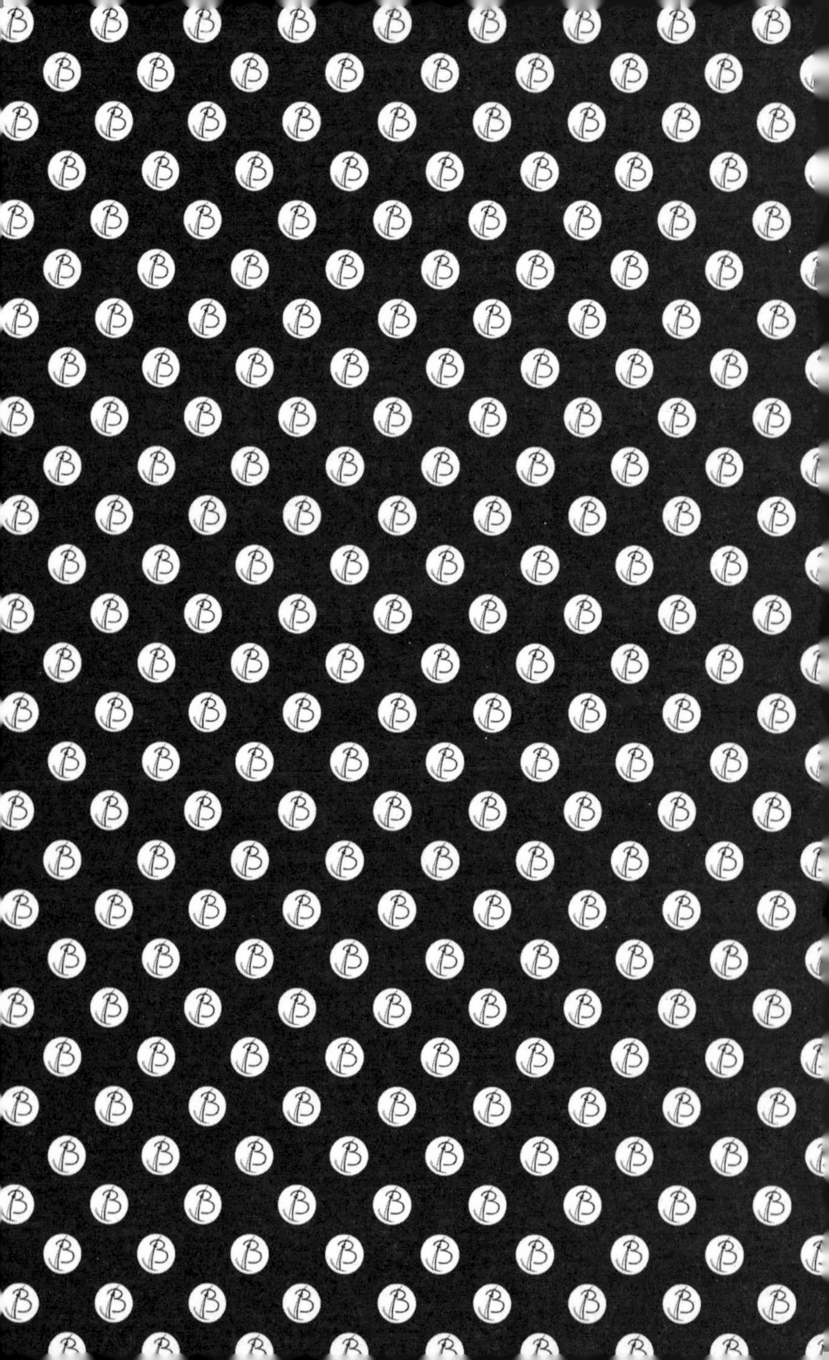

Pedro Fresco

El arte de impulsar el cambio

Una visión optimista de la transición energética para tiempos inciertos

Barlin Libros
Pensamiento al margen

Primera edición: febrero 2026

Dirección editorial:
Alberto Haller

Publicado por
Barlin Libros
C/ Doctor Zamenhof, 27
46008, Valencia

Thema: KNB / RNT
ISBN: 979-13-87687-12-0
Depósito legal: V-4915-2025

Impreso en España

editorial@barlinlibros.org
www.barlinlibros.org

Tabla

Buscar la esperanza en época de suspicacias

11

Contra la desconfianza: acción

27

¡Sí se puede!

39

¡Es la política y la tecnología, estúpido!

55

Ejemplos para un mundo nuevo

67

El valor de hacer lo correcto

83

Una propuesta para mañana

101

Epílogo: convicción para no rendirse

117

Bibliografía

129

Buscar la esperanza en época de suspicacias

El pesimista ve dificultades a cada oportunidad.
El optimista ve la oportunidad en cada dificultad.

En el momento álgido de su vida, el afamado político inglés Winston Churchill tuvo que lidiar con el pesimismo de una parte importante de su partido y de sus ciudadanos, quienes pensaron que la victoria británica en la guerra contra Alemania era imposible, y que no cabía otra solución más que firmar la paz con los nazis. Las dificultades al inicio de su mandato pueden verse reflejadas en la película británica *Darkest Hour,* titulada en España como *El instante más oscuro.*

Me gusta la sentencia que abre este capítulo, atribuida al propio estadista inglés. En cierto modo, muestra dos actitudes radicalmente distintas frente a un mismo hecho. Hay quienes, ante cualquier desafío, solo ven problemas, dificultades y cosas que pueden salir mal. Esta postura suele corresponder con un perfil de persona más bien temerosa, que lleva mal los cambios y siente que será incapaz de adaptarse a ellos. Otros, en cambio, viven las transformaciones con bastante más naturalidad, intentan buscarles la parte positiva e incluso parecen disfrutar de los entornos cambiantes.

Pero no todo el mundo encaja dentro de estos parámetros. O no, al menos, de forma general. Pocos son los optimistas patológicos o los pesimistas cenizos. Normalmente nos movemos dentro de un espectro entre ambas posturas extremas, en función de las dificultades concretas que sintamos ante un reto, de nuestro estado de ánimo o de otras cuestiones variadas. No se puede ser siempre optimista y, aunque sin duda resulta más sencillo, no se suele ser siempre pesimista. Además, nuestra tendencia natural a una u otra postura ante los retos y los cambios es algo que, hasta cierto punto, se puede controlar y trabajar para tener una posición más equilibrada frente a los acontecimientos.

La actitud con la que encaramos cambios y retos es algo esencial para las transformaciones sociales que necesitamos realizar durante los próximos años, pero hay otra cuestión que todavía me interesa aún más de esta frase atribuida a Winston Churchill, y es que… muy probablemente no sea suya. Si entráis en un buscador de internet y tecleáis esa sentencia, aparecerán mil memes y páginas que, en efecto, la atribuyen a Churchill. Pero si buceáis más en busca de la fuente, e intentáis averiguar en qué discurso o libro lo dijo, no lo encontraréis. El escritor e historiador Richard M. Langworth, especializado en la vida del ex primer ministro británico, defiende que jamás dijo tal cosa. Puede que lo hiciese en algún momento y que no quedase constancia escrita. Tal vez. O puede que, simplemente, nunca lo dijese. Quizá con un estudio en profundidad sobre el tema podríamos llegar a averiguar si, en efecto, es suya o, por el contrario, no es más que una invención. Pero lo que está claro es que, si ni siquiera uno de sus principales estudiosos ha sido capaz de encontrar la referencia entre millones de palabras recopiladas, ¿cómo vamos a hacerlo nosotros? Al final, la *verdad* sobre la autoría queda establecida por decenas de memes en Facebook, Instagram y otras redes. Preguntad a una IA generativa y lo comprobaréis. Pero ¿cuál será *La Verdad?*

En este caso, cuál sea la verdad resulta casi irrelevante. La frase suena *churchilliana*, por lo que podría perfectamente serlo. Y *se non è vero, è ben trovato*. El problema es que, continuamente, nos encontramos en situaciones parecidas sin saber si lo que leemos o escuchamos es cierto o no, con informaciones de naturaleza mucho más sensible para nuestro devenir social. Navegando por internet podemos despejar dudas sobre cuestiones incontrovertibles como una fecha o un lugar de nacimiento, la capital de un país o un dato de naturaleza similar, pero en muchas otras materias la búsqueda nos sumergirá en un mar de referencias en el que cabe saber nadar para obtener la información. Buscad cualquier cosa sobre alguna polémica reciente y, desapasionadamente, tratad de llegar a La Verdad a través de los datos encontrados. ¿Dijo la verdad aquel político? ¿Qué pasó realmente en el bombardeo de esa escuela en aquel país de Oriente Medio? ¿Son realmente limpios los coches eléctricos? Unas fuentes dicen una cosa; otras lo contrario. Si apenas disponemos de tiempo, nos quedaremos con la primera con la que topemos. Y si a la escasez de tiempo le sumamos prejuicios sobre las fuentes, nos quedaremos con la primera que diga lo que nos haga sentir más confortables. Nótese la influencia del posicionamiento en buscadores. Las páginas mejor posicionadas no suelen ser las más veraces, sino las que más han trabajado el aparecer en dicho lugar.

Lamentablemente, lo que sucede en la realidad es incluso peor. En el mundo actual nuestras opiniones ya casi nunca se forman por un proceso de búsqueda voluntario, sino a través de la recepción involuntaria de estímulos. El apartado de noticias recomendadas de un buscador es un compendio curioso. Selecciona por intereses o temas que hemos buscado, pero es capaz de mostrar la noticia menos veraz de toda la red. En mi caso, me encuentro continuamente con informaciones sobre fuentes de energía revolucionarias que van a jubilar a los paneles solares o que van a generar «energía infinita», cuyos titulares causa bochorno leer.

Pero la gran sublimación de la desinformación y del poder del algoritmo se da en las redes sociales, donde el fenómeno de recepción involuntaria de información es la norma. Contaré una anécdota personal. Durante muchísimos años fui usuario habitual de la red social Twitter, donde llegué a alcanzar una cifra nada despreciable de seguidores. Con todos sus defectos, dicha red mostraba un acceso razonable a la información si seguías a cuentas de probada credibilidad y ofrecía una difusión decente de los mensajes propios. Esto fue así hasta que el multimillonario Elon Musk la compró y comenzó a alterar su política y sus algoritmos. La pestaña llamada «para ti» se convirtió en un verdadero estercolero de cuentas que propagaban odio, bulos y barbaridades conspirativas, independientemente de a quién se siguiera. En la pestaña «siguiendo» evitabas estas cosas, pero la visibilidad de los mensajes era la que el algoritmo establecía.

Aun con todo, fue con respecto a la difusión de los mensajes propios donde se produjo lo más revelador. De un día para otro pasé de un aumento sostenido de seguidores a apenas sumar ninguno. El crecimiento se había estancado. Mis mensajes, que solían tener una determinada difusión media, comenzaron a tener muchas menos interacciones y visualizaciones. Era como si, de repente, no llegaran a nadie. Y así era. Lo que yo experimenté le sucedió a mucha otra gente, en la red ya por aquel entonces rebautizada como X. Sin saber muy bien el motivo, se produjo un silenciamiento parcial más que evidente debido a un cambio en el funcionamiento de la plataforma.

Le escuché una vez al expresidente de Ecuador Rafael Correa decir que «desde que se inventó la imprenta, la libertad de prensa es la voluntad del dueño de la imprenta». Esa frase cobra especial relevancia en la era de las redes sociales. La información depende del algoritmo, y este depende del dueño de la red. De hecho, la plataforma X fue claramente orientada con el fin de favorecer a Donald Trump en las elecciones presidenciales estadounidenses de 2024, con un efecto mucho mayor que la línea editorial de cualquiera de los grandes medios de comunicación norteamericanos tradicionales.

La transformación de X en un medio de difusión de las teorías más locas y los discursos más cargados de odio provocó cierto desconcierto entre los usuarios que no simpatizaban con semejante deriva. Entre esas personas hubo básicamente tres actitudes o tendencias frente a la pregunta de *qué hacer* con la participación en esa red. Fueron muchos los que, directamente, cerraron sus cuentas o dejaron de usarlas, bajo el argumento de que no tenía sentido estar en una red con un algoritmo tendencioso que servía a los intereses políticos de su dueño. Otros, la mayoría a corto plazo, no la abandonaron, pero poco a poco fueron perdiendo el interés y reduciendo su participación. Finalmente, hubo quienes se quedaron a «dar la pelea», razonando que había que «luchar» contra la intoxicación y los bulos.

El caso de X resulta claramente paradigmático de la época que nos ha tocado vivir. Una red alimentada por sus usuarios, que solía considerarse «libre» precisamente por ese modo de funcionar, comprada por un multimillonario que, al cambiar algoritmos y normas, la acaba convirtiendo en un mero vehículo de sus propios intereses comunicativos. Y los usuarios, muchos de ellos con un enorme capital social generado en forma de seguidores —especialmente relevante para políticos, profesionales, *influencers* o gente del mundo de la comunicación—, quedan desconcertados e incapaces de aceptar que ese capital social ha sido esencialmente destruido o, al menos, desnaturalizado. Ver cómo esa red continúa siendo el medio de difusión preferente de mensajes directos por parte de políticos o altos cargos públicos a su vez atacados y calumniados por el dueño de la propia red, resulta muy elocuente con respecto a las esclavitudes y dependencias que hemos generado hacia estas herramientas.

Y X es solo una entre muchas. Otras redes, sin esa intervención tan descarada y evidente, acaban fabricando realidades a la carta para los usuarios. TikTok no te mostrará lo mismo si eres un joven varón occidental que si eres una mujer de mediana edad. Psicólogos, sociólogos y los mejores profesionales y conocedores del comportamiento humano trabajan para estas empresas con el fin de ofrecer al usuario el contenido que con mayor probabilidad hará que se mantenga enganchado. Que tal contenido sea cierto o falso es lo de menos. De hecho, resulta bastante más fácil adaptarte al algoritmo con falsedades que mediante la verdad.

Redes sociales, bulos, desinformación... todo acaba desembocando en un mismo efecto: desconfianza. La gran crisis de nuestra sociedad y la que, en cierta manera, acaba atravesando a otras crisis, es la crisis de confianza. No solo es que no nos fiemos, es que desde determinados sectores lo que se busca es, precisamente, quebrar la confianza entre ciudadanos e instituciones. Y cuando hablo de instituciones no me refiero en exclusiva a instituciones políticas, sino a cualquier organismo o entidad que desempeñe funciones de interés público: medios de comunicación, organizaciones sociales, entidades científicas, organismos democráticos...

Esta ruptura es consecuencia de un proceso progresivo que comenzó hace ya años y que se ha acelerado en la última década. En cierto modo, la desconfianza se asienta sobre el triunfo de la cultura posmoderna, donde las verdades establecidas se tornan líquidas, la confianza en la razón y en el progreso se debilita y las emociones individuales adquieren primacía sobre las cuestiones o los hechos materiales más o menos objetivables. Creo que es difícil entender esta crisis, y fenómenos como la posverdad o la popularidad de las teorías conspirativas, sin atender a este sustrato cultural ya tan asentado.

En cualquier caso, resulta importante entender que el auge de la desconfianza no es un proceso natural sujeto a causas azarosas, sino que se siembra activamente por parte de segmentos sociales y políticos que hasta ahora quedaban fuera de las fronteras de lo tolerable. Existen fuerzas anticapitalistas de carácter más o menos marginal que siempre han trabajado en esta dirección, aunque en estos momentos debemos achacar esta deriva a fuerzas políticas que han dejado de ser secundarias, pues incluso han logrado alcanzar el poder en algunos lugares del mundo. Son estas últimas las que con mayor eficacia logran propagar la duda, generando dinámicas generalizadas de ruptura con la confianza institucional. Hablo, claro, de la derecha radical.

Definirla no es sencillo. Existe una mezcla de perfiles e historias políticas distintas entre todos aquellos líderes y fuerzas a los que emplazamos bajo este paraguas. Desde magnates megalómanos que desprecian las normas sociales como Donald Trump, pasando por libertarios extravagantes como Javier Milei, conservadores radicalizados como Viktor

Orbán u otros perfiles más cercanos al posfascismo, como los miembros de la AfD alemana o la propia Marine Le Pen. El politólogo neerlandés Cas Mudde ha identificado la oferta política de la derecha radical en tres principios: autoritarismo, nativismo y populismo. En cierto modo, lo que une a todos estos partidos y líderes es un elocuente desprecio por los principios liberal-democráticos y, sobre todo, la batalla cultural sin cuartel que libran contra los valores ilustrados, el progresismo y la izquierda.

En esencia, hablamos de una coalición basada en la rabia que se enfoca en la revancha. El fin de la guerra fría produjo el hundimiento del socialismo real y la expansión de un capitalismo indómito por todo el mundo, lo que en cierta manera supuso una victoria «conservadora» en lo económico. Pero en paralelo a la globalización y la liberalización económica, se produjeron cambios culturales y sociales de carácter progresista. Cuestiones como el feminismo, los derechos de las minorías, la extensión de la conciencia ambiental, el ascenso de potencias emergentes o los intentos de gobernanza a través de organismos internacionales resultan amenazantes y desagradables para los valores de un conservadurismo cultural y nacionalista todavía muy presentes en el cuerpo social.

La derecha radical cultiva y explota esa rabia: rabia contra los inmigrantes, contra las feministas y «el *lobby* gay», contra los burócratas de Bruselas, contra el *globalismo*, contra el ecologismo... A cada uno de estos grupos se los hace responsables de un problema: a los inmigrantes, de quitar las ayudas públicas a los ciudadanos nativos; a las feministas, de someter a hombres, y por extensión a las familias, a una estructura antinatural; a los ecologistas, de empobrecer a la gente con su defensa de la naturaleza; y a los gobernantes, en general, de ser una casta parasitaria que busca enriquecerse a costa del pueblo.

Con estos mimbres, el populismo de derecha radical crea un trampantojo conspiranoico de amenazas variadas, que converge en algo llamado «globalismo», supuestamente cargado de todos esos males que dicen combatir. La estrategia es la misma que tradicionalmente han usado los movimientos reaccionarios: amalgamar a todos los enemigos en una conspiración imaginaria, para posteriormente agitar sentimientos de rabia contra ellos. E insisto en que no es nuevo: basta con estudiar la historia de los siglos XIX y XX —por no irnos más atrás—, para encontrar estos mismos fundamentos en distintos momentos históricos. En ocasiones con terribles consecuencias.

El objetivo de estas derechas radicales no parece tanto la destrucción directa de las instituciones liberales y democráticas, como apoderarse de las mismas y transformar su funcionamiento y fundamentos. Y para ello necesitan sembrar la desconfianza. Solo así podrán emplearlas en beneficio propio, y tensionarlas hasta hacerlas disfuncionales para el objetivo con el que fueron creadas. Las redes sociales juegan un papel preponderante a la hora de vehicular esta rabia y este estado de suspicacia constante hacia lo institucional. La credibilidad o no de lo que se transmite no es lo relevante; el objetivo real es inundarlo todo de temores, sospechas y recelos.

Decía Hannah Arendt en su libro *Los orígenes del totalitarismo* que el sujeto ideal de un régimen totalitario no era el seguidor convencido, sino aquel para el que la distinción entre verdad y mentira, realidad y ficción, ya no existe. En esencia, esto es lo que buscan promover los movimientos de esta naturaleza. Cualquier barbaridad en cualquier parte del mundo se copia y difunde. Para algo servirá. Si de Michelle Obama decían que era transexual, pues mismo proceder para las mujeres del presidente francés o del presidente del gobierno español. Resulta sorprendente, pero hay quien se cree estas cosas y se imagina algún tipo de gravísima amenaza o engaño derivado de estas alucinaciones. Aunque lo importante no es tanto que la gente lo crea, como la normalización de tales barbaridades. Así, la producción de desinformación y amenazas en masa acaban generando una atmósfera de engaños, desconcierto y de indignación aparentemente justificada.

El objetivo de quienes difunden estas patrañas es crear la sensación de incertidumbre, de que todas las certezas han desaparecido, de que «los que mandan» tienen intenciones indecentes —cuando no perversas—, de que todo va a peor, de que no te puedes fiar de nada ni de nadie porque, en el fondo, quienes dicen protegerte quieren hacerte daño. El tipo de pensamiento que se pretende generar se puede resumir en: «No nos protegen», «nos engañan» y «nos desprecian y quieren prescindir de nosotros». Miedo, suspicacia, paranoia.

En medio de esta atmósfera social de desconfianza, la tendencia natural es al pesimismo y el descreimiento. Nada de lo que venga puede ser bueno y cualquier estrategia colectiva que se emprenda será considerada imposible, o leída desde la suspicacia conspirativa. Un peso opresivo sobre nuestras espaldas, de profundas raíces culturales ancladas en la posmodernidad, reforzado a diario a través de la estrategia de la desinformación y de la rabia.

Pero eso, precisamente, es lo que debemos evitar. La desconfianza no es real, sino una técnica política de dominación. Y nosotros somos sus víctimas. La estrategia conspirativa trata de hacer creer a la gente que medios y poderes públicos les engañan, y que solo quienes desconfían de ellos son inteligentes y «libres». Les inoculan la idea de que son algo así como una élite *clarividente* frente a una masa crédula; algo que llena de satisfacción y bienestar a quienes ahí se sitúan. De este modo, les hacen sentir parte de una especie de *club selecto*. Sin embargo, en el fondo no es más que la vieja y tan manida estrategia de explotar los complejos, prejuicios y miedos, como tantísimas otras veces en la historia. Sus víctimas, además, suelen ser los sectores culturales más bajos y, de manera irónica, las personas más crédulas.

Al sucumbir ante el descreimiento y el pesimismo no hacemos más que colaborar con esta estrategia. No podemos aislarnos de la época en la que vivimos y de sus dinámicas, ni de las consecuencias sociales de nuestras acciones o pasividades. Debemos plantearnos seriamente cómo nuestras actitudes alimentan una espiral de consecuencias inciertas.

Ha llegado un momento en la historia en el que optimismo se ha convertido en algo revolucionario. Decir que el mundo no está tan mal, que hay mejoras, que hay esperanza o que la percepción de que todo va a peor es sencillamente irreal, ha pasado de ser un discurso conformista o *mainstream* a representar un acto de rebeldía entre tanto pesimismo inducido. De hecho, estos se han convertido a día de hoy en los discursos verdaderamente silenciados e ignorados, entre tanto algoritmo en busca de conflictos y de medios de comunicación para los que solo las *malas noticias* son Noticias.

La esperanza no es una ilusión, sino algo mucho más racional de lo que pensamos. Si salimos de nuestra cómoda burbuja de descreimiento veremos investigaciones prometedoras, desarrollos técnicos magníficos y descubrimientos esperanzadores en campos como la tecnología o la medicina. También veremos pensadores, políticos y gobernantes con ideas y propuestas para cada uno de los importantes retos a los que se enfrenta la humanidad. Si nos armamos de la serenidad suficiente, comprobaremos que ni uno solo de estos problemas se ha dado por perdido. Hay gente batallando por mejorar el mundo y la vida de los seres humanos en todos los campos. Un motivo de esperanza para cualquiera.

Y sí: por supuesto que hay riesgos. Las nuevas tecnologías y/o las transformaciones sociales siempre han traído consigo peligros asociados, y su adecuada percepción es necesaria para progresar de forma segura y sostenida. Pero el riesgo está ahí, es parte de la vida, y quien no es capaz de aceptarlo y gestionarlo ni progresará ni podrá ser feliz.

De todas formas, para el caso que aquí nos ocupa, que es el reto de frenar el cambio climático y la degradación ecológica, resulta fundamental entender que los riesgos de no hacer nada son superiores a los de cometer cualquier equivocación. La inercia de la sociedad fósil sigue alterando el clima de la tierra cada día que seguimos de brazos cruzados. No existe, siquiera, una justificación conservadora para la parálisis.

Permitidme retomar la frase churchilliana que, quizá, nunca pronunció Churchill: «El pesimista ve dificultades a cada oportunidad. El optimista ve la oportunidad en cada dificultad». No os pido que seáis optimistas. De momento, solo os pido que no os dejéis arrastrar por el pesimismo, y que os abráis a la posibilidad de concebir la idea de que todo problema puede tener una solución. Que tenemos posibilidades de salir airosos. Con eso, por ahora, es suficiente. A lo largo de estas páginas trataré de convenceros de que esa es la actitud que debe guiar nuestros esfuerzos y de que, con todo, podemos evitar un desastre climático.

Contra la desconfianza: acción

Voy a comenzar el capítulo con una anécdota, si me lo permitís. Durante mis años como director general de transición ecológica de la Generalitat Valenciana existió un conflicto subyacente en el gobierno del que formaba parte respecto a la instalación de energías renovables. Una parte del Consell, mayoritaria, y entre la que me encontraba tanto yo como Ximo Puig, el President por aquel entonces, o la Consellera que me nombró, Mireia Mollà, pensaba que la transición energética era urgente e importante y que el desarrollo de las energías renovables en la Comunitat Valenciana debía ser intenso. Otra parte, minoritaria, pero con bastantes defensores y mando en departamentos importantes, recelaba de la instalación de renovables en el territorio por su impacto paisajístico y por el rechazo social que provocaba en determinados colectivos que sentían como políticamente cercanos.

Este conflicto no era algo particular de la Comunitat Valenciana: es algo que sucede en casi todo el mundo, y que tiene que ver con una de las grandes dificultades de la acción climática. La externalidad que provoca la emisión de gases de efecto invernadero, que es el cambio climático, es una externalidad global, intergeneracional y de proporciones tan enormes que llegamos a perdernos en sus dimensiones. Frente a ella, debemos acometer acciones de carácter local que tienen impactos inmediatos que experimentamos a nivel personal. Pueden ser el cambio en el paisaje por la presencia de una instalación renovable, la desaparición de una actividad económica por ser contaminante, el cambio de infraestructuras para adaptarse a la movilidad eléctrica, la transformación de las ciudades para adaptarlas a una movilidad activa... El hecho de experimentar personalmente cambios no deseados frente a una externalidad deslocalizada en el espacio y en el tiempo genera resistencias e incomprensión, cuando no directamente posicionamientos despreocupados e incluso cínicos.

Este es uno de los grandes problemas a los que nos enfrentamos y no tiene una solución fácil. En política, además, existe una creciente tendencia al cortoplacismo y a intentar evitar los conflictos a toda costa. Hecho particularmente intenso en ámbitos regionales y locales. Las políticas climáticas y sus grandes principios quedan muy claros a nivel internacional, pero conforme van aterrizándose en planos nacionales, regionales y/o locales, comienzan a aparecer las discrepancias, las resistencias, los agravios y los desplantes. Los responsables políticos más pegados al territorio reciben esta presión y, si no hay un sistema de incentivos claros o una convicción sólida, resulta difícil resistir a las presiones.

Este conflicto que viví en primera persona acabó, por cuestiones coyunturales, cayendo del lado de quienes rechazaban la instalación de parques solares y eólicos en el territorio y, por tanto, con mi salida de la dirección general. En uno de mis últimos días en el cargo, cuando ya sabía que estaba de salida, participé en un acto político frente a un público plural donde había gente que podía ser identificada en ambas posturas del conflicto. Me invitaron a hablar, y aproveché para hacer un discurso vehemente en favor de mis convicciones más profundas en este tema y sobre cómo creía que debía ser la política energética y climática.

El discurso lo edifiqué alrededor de una palabra: valentía. Pedí valentía para romper dogmas, para transformar, para aceptar lo que nos dice la ciencia y actuar en consecuencia, pero, sobre todo, pedí valentía para equivocarnos. Defendí la importancia del error como método de avance. También abogué por la necesidad de emprender políticas, aunque no funcionen bien, y si no son adecuadas corregirlas e intentarlo de nuevo, a pesar de que podamos volver a errar. «Lo único imperdonable es la parálisis», recuerdo que dije. Era un llamamiento claro a la acción climática en el campo que me correspondía, que era el de la mitigación.

Mis palabras no eran una pose ni un discurso político en búsqueda del aplauso —a algunos de los presentes no les gustó—; pretendía ser un llamamiento a la responsabilidad y a las conciencias de los allí presentes. No entendía cómo algunos sectores en los partidos de izquierdas podían situarse en una posición dubitativa, cuando no reactiva, frente a una transición energética que históricamente siempre habían defendido. Me parecía, y me sigue pareciendo, una posición cobarde y profundamente equivocada.

El rechazo de determinados sectores de la izquierda y del ecologismo a cuestiones como la instalación de parques renovables, a la generalización del vehículo eléctrico o incluso a las políticas de eficiencia energética siempre me ha resultado desesperante. Detrás de este rechazo subyacen unas tendencias políticamente infantiles, pero muy simbólicas en relación con cómo se razona en determinados ámbitos.

Los ecologistas y los partidos de izquierda siempre estuvieron a favor de las energías renovables. Hubo dos generaciones de ecologistas que soñaron con un mundo movido por la fuerza del viento y el sol. Sin embargo, cuando estas energías comenzaron a ser competitivas y, por tanto, las empresas comenzaron a interesarse por ellas, a algunos les comenzaron a entrar las dudas. Si las compañías ya no querían quemar carbón sino instalar renovables, eso no podía ser bueno porque las empresas capitalistas son inherentemente malignas, son el enemigo y siempre han querido destruir el planeta.

Se observa aquí que la pulsión anticapitalista es superior a la voluntad de combatir el cambio climático. Uso conscientemente la palabra pulsión, porque es un impulso, una tendencia que no tiene racionalidad, estructura o estrategia política detrás. Es, simplemente, una inclinación a la criminalización de las empresas como representantes de la ideología a derrotar. Desde una visión anticapitalista estratégica y bien estructurada nunca se les negaría a las empresas realizar desarrollos económicos necesarios o correctos; al revés, se las apoyaría con el objetivo de socializar esos beneficios en el futuro, como bien indicaba Marx. Pero las pulsiones no son racionales, actúan por instinto, no por razonamiento. En esta pulsión se vislumbra la profunda huella anarquista de quienes siguen estas lógicas.

Respecto al vehículo eléctrico opera otra cuestión instintiva, pero parcialmente relacionada. En la cultura ecologista siempre ha existido rechazo al vehículo particular frente a la movilidad activa o el transporte colectivo. Menos coches era menos contaminación y la posibilidad de unas ciudades más racionales. Esa lógica es correcta cuando hablamos de contaminantes atmosféricos o se buscan cuestiones de recuperación del espacio urbano, pero es insuficiente en el ámbito de la descarbonización, porque el objetivo no son menos emisiones, sino que prácticamente desaparezcan. El vehículo eléctrico, además, tampoco existía como alternativa tecnológica real hace dos o tres décadas.

Este aprendizaje previo y la incapacidad de cambiarlo ante nuevas realidades provoca una pulsión similar que identifica el vehículo eléctrico, en tanto coche particular, como otro enemigo a batir o, al menos, como una falsa solución. A eso se une la incapacidad de desarrollar un pensamiento complejo y estratégico donde cada tipo de transporte o ámbito tiene una política determinada, y donde perfectamente se puede promover el transporte eléctrico, tanto individual como colectivo, a la vez.

Estructuras mentales de este tipo llevan a rechazar incluso políticas de eficiencia energética por ser soluciones de base tecnológica, pulsión racionalizada mediante la excusa de la paradoja de Jevons, aquella teoría que dice que mejorar la eficiencia energética solo llevará a que repunte el consumo. La tecnofobia también aparece como instinto en este tipo de sectores, como si la tecnología llevase el mal de la semilla capitalista en su esencia. Otro síntoma, en mi opinión, de la proximidad cultural de estos grupos con el anarquismo.

El problema es que estos sectores, por minoritarios que sean, cada vez tienen más presencia en la opinión pública e influencia dentro de grupos ecologistas, activistas o en los propios partidos de izquierda. Las personas integristas son muy persistentes, se obsesionan con determinadas cuestiones y dedican una enorme cantidad de esfuerzo a intentar convencer a los demás de que su pensamiento es el correcto. Esto las hace muy activas en las organizaciones, que pueden llegar a controlar debido a su mayor implicación. Eso siempre ha sido así, pues integristas han existido en todas las épocas y movimientos, pero en este momento nadan a favor de una corriente de época que fortalece sus mensajes.

Por un lado, existe una cultura mediática de la información convertida en espectáculo, donde la captación de atención se realiza mediante contenidos llamativos. Para un medio es mucho más atractivo un señor apocalíptico que dice que el mundo se hundirá mañana que una persona racional que explique pacientemente por qué eso no es así. El primero vende y el segundo aburre. Las redes extreman esta cuestión, ya que el *clickbait* es la estrategia general para conseguir visitas y visualizaciones.

Por otro lado, hay una desconfianza arraigada en la sociedad actual que fomenta el pensamiento conspirativo y la criminalización del adversario. Si el otro es maligno, seguro que todo lo que dice es falso. Si alguien defiende lo mismo que el *mainstream*, es que está pagado por ellos o tiene oscuros intereses. La crítica o el pensamiento complejo quedan absolutamente fulminados y la desconfianza ejerce como mecanismo sectario que anula la racionalidad.

Combatir este estado de las cosas no es sencillo y en ocasiones produce desesperación. Llevamos años comprobando sistemáticamente que los hechos y los datos no son efectivos para erradicar las *fake news* y el pensamiento conspirativo. Es una estrategia que funciona en determinados casos, cuando existe una mala información de base o una confusión conceptual aprendida erróneamente; pero cuando existe un prejuicio arraigado se demuestra inútil. En estas situaciones la información es una amenaza o incluso una ofensa, provocará suspicacia extrema en el receptor y activará la desconfianza conspirativa como mecanismo de defensa.

Parte del problema tiene que ver con una cuestión de expectativas. Debemos entender que hay gente y, por extensión, organizaciones, que nunca van a cambiar de opinión por más datos que se les muestren. Intentar convencer a esta gente es un despilfarro de tiempo y de recursos y, por muy personal que pueda ser la cuestión, no hay que perder el tiempo en esos entramados. Los discursos no han de ser enfocados a las minorías pertinaces sino a las mayorías sociales. En una época donde el fanatismo y la conspiración se extienden por doquier lo más importante es fortalecer las convicciones y dotar de herramientas a quienes todavía no han caído ahí.

Hay que entender bien qué es lo que estamos combatiendo: la desconfianza genera suspicacia, la suspicacia produce rechazo a las medidas y acciones que sabemos que efectivamente funcionan, y todo ello deriva en parálisis. Pero la parálisis tiene dos caras. Una es lo que denominaríamos inmovilismo o retardismo, que básicamente quiere evitar cualquier cambio para mantener el *statu quo* y la realidad tal cual está. Pero hay otro tipo de parálisis, que es aquella que se genera mediante la defensa de ideas absurdas o de maximalismos imposibles. Es tan paralizador oponerse al vehículo eléctrico porque deseas que se mantenga el de combustión como pretender que nadie use coche. Es igual de nocivo oponerse a la instalación de renovables por considerarlas parte de la «mentira climática» como porque te parezcan parte de una especie de colonialismo energético capitalista. El efecto es el mismo, por mucho que los pensamientos que hay detrás de ambas formas de razonar sean divergentes. Las intenciones no eximen del daño que se hace.

Pero aquí la cuestión no es estar señalando con el dedo a los demás, sino romper el efecto paralizante de esta pinza de sectores opuestos alimentados por la desconfianza y la conspiranoia. Para conseguirlo lo que debemos hacer es precisamente combatir estos fundamentos que comparten ambos grupos y, sobre todo, no dejar que paralicen nuestras propias convicciones.

En una época de desconfianza, la acción también es un acto revolucionario. No hay nada más opuesto a esta deriva que tener la convicción de que debemos avanzar aun a riesgo de equivocarnos. Porque a pesar de los discursos descreídos, sabemos lo que debemos hacer, conocemos que hay acciones que funcionan y tenemos hojas de ruta para hacer parte de este camino. Obviamente no tenemos todas las respuestas ni todas las soluciones, pero nadie jamás las ha tenido antes de emprender el camino del cambio. Pretender que no exista incertidumbre, que no haya riesgos y tener certificado el éxito antes de emprender una transformación relevante es una trampa intelectual y otro —más— pensamiento paralizante.

Lo único que sabemos con certeza es que la parálisis, bien sea por rechazo al cambio o por planteamientos mágicos e irreales, nos llevará al desastre. No cabe ni un pequeño margen de duda de que debemos actuar ya.

¡Sí se puede!

Cuando era niño, entre finales de los ochenta y principios de los noventa, existían dos problemas ambientales urgentes que a nivel social y político tenían mucha más relevancia que el cambio climático. El primero de estos problemas era la lluvia ácida, que dañó los bosques de Europa y los lagos de Norteamérica debido a la acidificación del agua de lluvia producida por las emisiones de óxidos de nitrógeno y, sobre todo, por los compuestos que contenían azufre. Recuerdo claramente las imágenes de mis libros de texto con bosques sin hojas en algún lugar de Centroeuropa y cómo nos explicaban la amenaza que representaba para los ecosistemas.

Hoy en día la lluvia ácida ya no es un problema importante en Europa. Según se puede comprobar en la excelente web *Our World in Data*, un proyecto desarrollado por científicos de la Universidad de Oxford, desde 1980 las emisiones de óxidos de azufre se han reducido a la décima parte en el continente y a la mitad a nivel mundial. Los óxidos de nitrógeno también se han reducido a menos de la mitad en Europa y, de manera global, sus emisiones llevan cayendo desde 2008. Ese problema prácticamente lo hemos resuelto y ha sido gracias a las regulaciones ambientales.

El segundo problema, todavía más grave que la lluvia ácida, era la destrucción de la capa de ozono. No eran pocas las películas en mi niñez que mostraban un futuro distópico donde los seres humanos no podían exponerse al sol salvo con un traje protector. La desaparición de la capa de ozono ya no hablaba de ecosistemas dañados sino de la propia supervivencia de los seres vivos en la superficie terrestre.

Afortunadamente, la humanidad respondió bien a este reto. En 1987 se firmó el Protocolo de Montreal, que comenzó a aplicarse de inmediato en 1989. El éxito fue total. A mediados de los noventa las emisiones de sustancias que destruían la capa de ozono ya eran la quinta parte de las de 1989. La emisión de clorofluorocarbonos, principales responsables de su destrucción, cesó en 2010. Hoy día solo queda eliminar los hidroclorofluorocarbonos, de efecto destructor del ozono estratosférico mucho menor. Desde el año 2000 el agujero de la capa de ozono está poco a poco recuperándose en lo que representa, muy probablemente, uno de los mayores éxitos colectivos de la humanidad.

Es importante recordar que los seres humanos ya hemos enfrentado problemas ecológicos en el pasado y hemos podido superarlos, evitando los peores escenarios que se nos planteaban. El cambio climático es un problema que implica un mayor cambio sistémico que los dos mencionados anteriormente, pero muchas de las decisiones y los acuerdos que se tomaron para solucionarlos nos muestran el camino que debemos seguir en esta época.

El origen de los gases de efecto invernadero es variado e implica a muchas actividades humanas, pero la quema de combustibles fósiles para la producción de energía representa alrededor del 75 % de las emisiones de estas sustancias que provocamos los seres humanos. Es, por tanto, el foco de acción climática principal.

En términos generales, la receta es sencilla: hay que eliminar los combustibles fósiles y, para hacerlo, debemos sustituirlos por fuentes de energía descarbonizadas. Existe también un mecanismo acelerador de este cambio que es intentar usar menos energía, ya que así tendremos que sustituir menos combustibles. La reducción del uso de energía no es nada novedoso, llevamos décadas trabajando en eficiencia energética y mecanismos de ahorro, pero en todo caso esto es un complemento necesario de la sustitución, no EL mecanismo de acción climática principal. Todas las sociedades humanas necesitan energía tanto para producir cosas como para realizar servicios y tener confort vital —y no caer en la pobreza energética—. Por mucha que consigamos evitar consumir, siempre nos quedará una mayoría de la que no podremos o querremos prescindir.

A pesar de lo simple que parece tal y como lo he redactado, esta sustitución no resulta tan sencilla. Hay sectores muy difíciles de descarbonizar para los que no tenemos alternativas fáciles o baratas. Sin embargo, tenemos otros muchos sectores que sí podemos transformar con tecnologías que ya tenemos, que funcionan y que son asequibles. No lo estamos haciendo sencillamente porque no tenemos la suficiente determinación como sociedad para hacerlo. Nos cuesta destinar los recursos necesarios, aunque sea una inversión rentable, y también nos resulta difícil impulsar cambios que puedan provocar que haya sectores económicos damnificados. Pero, insisto, es una cuestión de determinación, de priorización y de visión social. Si estuviésemos en una guerra y esta transformación fuese la forma de ganarla, la haríamos a una velocidad inimaginable porque volcaríamos todos nuestros esfuerzos en ella.

Permitidme que aclare un poco el panorama. Tenemos tres tipos de combustibles fósiles: el carbón, el petróleo y el gas natural. El que más consumimos es el petróleo y sus derivados, con alrededor del 33 % de la energía primaria consumida en el mundo, seguido por el carbón (28 %) y el gas natural (24 %). Sin embargo, el combustible que más emisiones provoca es el carbón, responsable de más del 40 % de gases de efecto invernadero procedentes de la quema de combustibles fósiles.

Dos tercios del carbón que consumimos en el mundo son utilizados para la generación de electricidad. Esto representa, en consecuencia, el 25 % de las emisiones relacionadas con combustibles fósiles de nuestra sociedad, así que es probablemente el principal foco de acción climática. Pues bien, tenemos una buena noticia: sabemos generar electricidad sin emisiones con muchas tecnologías distintas y, además, muchas de ellas son muy competitivas. La energía solar fotovoltaica es la forma más barata de generar electricidad en casi todo el mundo y, especialmente, en aquellos países donde vive la mayoría de la población de la Tierra. La eólica también es muy competitiva y es la más económica en muchos otros lugares, y finalmente la hidráulica ha sido —y sigue siendo— una forma económica de generar electricidad en las zonas donde existen grandes ríos desde hace más de un siglo. Además de estas fuentes, tenemos biomasa y biogás, energía geotérmica o energía nuclear, que también nos sirven para descarbonizar la producción de electricidad.

Con estas tecnologías y con el almacenamiento de energía en baterías, bombeos hidroeléctricos u otros mecanismos —aire comprimido, almacenamiento químico, etc.— podemos descarbonizar completamente los sistemas eléctricos del planeta. No es una entelequia ni una teorización: en el año 2025 ya teníamos decenas de países con más de un 80 % de su generación eléctrica descarbonizada y alrededor de una decena con prácticamente el 100 % de su mix sin emisiones. Bloques tan importantes como la Unión Europea tienen más del 70 % de su producción de electricidad descarbonizada, con varios países que superan el 90 %.

El segundo combustible fósil en importancia es el petróleo. Si analizamos su consumo por sector a nivel mundial veremos que el 45 % del total se destina al transporte por carretera. Algo más de la mitad se usa en vehículos de pasajeros y, el resto, en el transporte de mercancías. Pues aquí también tenemos buenas noticias: todos estos usos son potencialmente electrificables. El vehículo eléctrico se convierte, en este sector, en la tecnología que puede descarbonizar la práctica totalidad del transporte en carretera, siendo una tecnología de sobra probada en coches, motos, autobuses, furgonetas y camiones de reparto.

Del 55 % restante también hay partes que podemos eliminar de forma viable y económica. Alrededor del 6 % del petróleo se sigue usando para generación eléctrica, fundamentalmente en islas y en países petroleros donde está subvencionado. Como se ha comentado antes, este combustible se podría perfectamente eliminar sustituyendo estas centrales por energías renovables. También hay un 8 % del consumo de petróleo que se usa para climatización, en edificios y comercios, que podemos desplazar usando otras formas de generación de calor a baja temperatura: calefacciones eléctricas, biomasa y, sobre todo, bombas de calor. También podemos eliminar de forma relativamente sencilla el petróleo de los trenes diésel, electrificándolos, o parte de la generación de calor industrial de media temperatura gracias a bombas de calor industriales u otras tecnologías eléctricas. Enfocándonos en estos sectores, que tienen una descarbonización relativamente fácil y económicamente viable, conseguiríamos eliminar dos tercios del consumo de petróleo mundial.

Finalmente, respecto al gas natural, dos de sus principales usos son la generación de electricidad y la calefacción, con un 40 % de consumo el primero y alrededor de un 20 % del consumo mundial dedicado a la climatización en el segundo caso. La generación eléctrica con gas se puede sustituir con renovables y el consumo para calefacción con bombas de calor y otras alternativas no fósiles. Además, alrededor del 30 % del gas se consume en la industria y gran parte lo usamos para producir calor. De este calor industrial, casi un tercio se requiere para alcanzar temperaturas inferiores a 150 °C, por lo que se puede sustituir también por bombas de calor de alta temperatura o, alternativamente, con sistemas basados en resistencias eléctricas. Así pues, y como en el caso del petróleo, alrededor de dos tercios de este consumo puede ser eliminado con las mismas tecnologías que en el caso anterior. En el caso del carbón el porcentaje podría ser incluso mayor, porque además de los dos tercios que se usan para la generación eléctrica hay muchos países en los que todavía se utiliza carbón para calentar los hogares, que podríamos sustituir por climatización eléctrica.

Como se observa, alrededor de dos tercios del uso de combustibles fósiles y de sus emisiones asociadas podrían potencialmente eliminarse con tres tecnologías: energías renovables, vehículos eléctricos y bombas de calor. Estas tres tecnologías son la tríada que nos permitirá eliminar la mayoría de las emisiones que producimos los seres humanos, son perfectamente maduras y sabemos que funcionan. Pero además de la sustitución *per se*, su uso impulsará derivadas positivas que permitirán reducir más emisiones.

Se habla mucho de la impronta material de este tipo de tecnologías, pero ese es un enfoque totalmente erróneo. Las soluciones renovables y eléctricas ayudan a desmaterializar la economía gracias tanto a su eficiencia como al uso de flujos naturales como fuente de energía. Un motor eléctrico es entre dos y media y tres veces más eficiente que uno de combustión, lo que implica que usa la tercera parte de energía por kilómetro recorrido. Una bomba de calor de baja temperatura consume entre la tercera y la cuarta parte de energía por unidad de calor producida que una calefacción de gas o de gasóleo en climas templados, y la mitad en climas verdaderamente fríos. Por tanto, estas tecnologías van a consumir menos energía y, además, van a librarnos de tener que transportar esos combustibles fósiles alrededor del mundo.

Un coche eléctrico puede pesar 300 o 400 kilos más que otro de combustión por el peso de la batería, pero a lo largo de su vida útil evitará el consumo de más de 10.000 litros de combustible. Un MW fotovoltaico requiere unas 150 toneladas de materiales, pero impide a lo largo de su vida útil que se quemen entre 15.000 y 20.000 toneladas de carbón, entre cien y ciento treinta veces más. Esta sustitución evita la necesidad de transporte de combustibles fósiles, tanto por barco como por tubería o medios terrestres. Si tenemos en cuenta que el 40 % del transporte marítimo está dedicado a mover combustibles fósiles y que solo necesitamos una pequeña fracción de esos viajes para transportar las tecnologías limpias que los sustituyen, podríamos eliminar también parte del transporte marítimo, que representa el 5 % del consumo de petróleo mundial y alrededor del 2 % de las emisiones de gases de efecto invernadero.

La eliminación de combustibles fósiles también acabaría con las emisiones fugitivas que se generan en su producción. Se trata de escapes de metano que se producen en el sistema gasista en distintos momentos entre el pozo y el consumidor y, también, en las minas de carbón que están en producción. Estas emisiones fugitivas representan entre el 5 y el 6 % de las emisiones de gases de efecto invernadero de nuestra sociedad, una cantidad superior a la aviación y el transporte marítimo juntos. Tal es su importancia.

Finalmente, y aunque no tenga relación directa con los combustibles fósiles, otra fuente importante de emisiones son las derivadas de los residuos orgánicos en aguas residuales y vertederos. Representan más del 3 % del total global y pueden ser evitadas en su mayoría con un manejo adecuado de los residuos orgánicos para evitar la digestión anaerobia descontrolada. Si gestionamos estos residuos y los usamos para producir biogás, evitaremos la liberación de metano a la atmósfera y podremos usar este gas para sustituir al gas natural fósil. En su quema emitiremos CO_2, pero la molécula de CO_2 tiene un efecto invernadero 28 veces menor que la de metano, por lo que el efecto será la práctica eliminación de esas emisiones. Aquí podríamos añadir los estiércoles de la ganadería, responsables de más del 1 % de las emisiones mundiales y que también podemos convertir en biogás.

Alrededor de dos tercios de las emisiones humanas pueden ser eliminadas de esta manera, con la extensión masiva de esas tres tecnologías (renovables, vehículos eléctricos y bombas de calor) y un pequeño apoyo de otras, más una gestión adecuada de los residuos orgánicos para producir bioenergía. Si conseguimos eliminar estos dos tercios de las emisiones volveríamos al nivel de finales de los sesenta del siglo pasado y conseguiremos evitar los peores escenarios de cambio climático. Si lo hacemos deprisa, estaremos ganando tiempo al reloj climático, lo que nos permitirá abordar el otro tercio que requiere estrategias más complejas o desarrollos tecnológicos que todavía no tenemos a nivel comercial.

Este tercio que queda no es inevitable ni debe ser ignorado, simplemente es más difícil de atacar o requiere soluciones más específicas. El caso paradigmático es la industria, responsable de alrededor del 25 % de las emisiones mundiales y que necesita enfoques sectoriales para poder ser descarbonizada. Pero es posible hacerlo. Prácticamente cualquier necesidad de calor industrial inferior a 600 °C puede ser abordada mediante diferentes tecnologías. Para necesidades de entre 600 y 1.000 °C no todas las tecnologías descarbonizadas que podemos usar son comercialmente maduras, pero sí es técnicamente viable conseguirlo. Con más de 1.000 °C hay más problemas, aunque también existen tecnologías eléctricas e híbridas, que podrían funcionar por ejemplo con biogás.

E incluso para más de 1.000 °C disponemos de algunas soluciones electrificadas y económicamente viables. El sector cerámico, por ejemplo, usa hornos que funcionan a más de 1.000 °C. En la provincia de Castellón, cuna del sector cerámico español, más de la mitad del gas natural que consume el sector se destina a alimentar estos hornos de cocción. Pues bien, ya existen hornos eléctricos que alcanzan esas temperaturas y, lo más sorprendente, lo hacen reduciendo el consumo de energía en alrededor del 30 % respecto a los de gas. La forma de calentar el horno con resistencias, que distribuye mucho mejor el calor, permite un uso más eficiente del mismo y consigue esa reducción de consumo energético. No son hornos caros y, con una electricidad algo más barata, su electrificación sería muy competitiva. Eliminar el gas de los hornos cerámicos de la provincia de Castellón conseguiría eliminar casi el 3 % del gas natural que consume un país como España.

Probablemente los sectores industriales más difíciles de descarbonizar son los del acero y el cemento, que representan el 7 % y el 6 % de las emisiones mundiales respectivamente. El hormigón es el segundo elemento más consumido del planeta después del agua y el acero no se queda muy atrás, ya que producimos unos 240 kilos de acero por persona y año. Se trata de un reto importante, para el que se debe aplicar un enfoque multidisciplinar y, sobre todo, mucha innovación. Las estrategias pasan por mejorar la eficiencia energética, usar menos cemento en la producción de hormigón, aumentar las cantidades de acero basado en chatarra que se pueden fabricar en hornos de arco eléctrico, utilizar biochar y biometano o, incluso, la captura de carbono en casos donde no se encuentre una solución mejor.

Para estos usos difíciles también tenemos lo que es el gran comodín de la descarbonización: el hidrógeno verde, producido con electricidad renovable. El hidrógeno es un gas con un altísimo poder calorífico por molécula que tiene multitud de aplicaciones, sin embargo, no suele destacar en ninguna. Hay quien lo compara con una navaja suiza, que sirve para todo, pero que realmente no es la herramienta que escogerías si tienes a mano algo mejor. En todo caso, el hidrógeno verde se puede utilizar para producir calor de alta temperatura y, específicamente, en la industria del acero puede servir como agente reductor y así poder prescindir del carbón. Es, por tanto, una posibilidad que se está probando en distintos procesos de industrias muy distintas, como el acero, la cerámica o la industria química.

El hidrógeno verde también permitirá descarbonizar la industria de los fertilizantes, que necesita hidrógeno para producir amoniaco. Actualmente se obtiene mediante un proceso químico que usa gas natural y que supone alrededor del 1 % de las emisiones mundiales. También sirve para producir metanol, con el que podrán funcionar los buques marítimos, y combustibles sintéticos, que serán usados en la aviación. A pesar de que hay experiencias en todos estos sectores, el desarrollo de estas soluciones es escaso porque la economía del hidrógeno y sus derivados no es buena. Pero con la inversión en investigación y desarrollo, la puesta en marcha de más proyectos y la ganancia de economías de escala, la economía del hidrógeno mejorará y dispondremos de una nueva solución energética climáticamente neutra.

Tenemos el conocimiento, la capacidad y la tecnología para eliminar la gran mayoría de las emisiones relacionadas con el consumo de energía. El grueso lo podemos hacer con unas pocas tecnologías y ya de forma económicamente viable. El resto con enfoques más complejos y soluciones menos maduras, aunque técnicamente viables. Hacerlo no solo es posible; es muy importante realizarlo íntegramente, pues hay otro 20 % de las emisiones humanas que están relacionadas con la agricultura, la ganadería y el uso del suelo, que no se van a poder eliminar completamente, aunque sí reducir. Evitar la deforestación, conservar los ecosistemas, reducir el desperdicio alimentario, mejorar las técnicas de la agricultura y la gestión ganadera, o incentivar dietas más sostenibles son medidas que pueden reducir el impacto climático de estas actividades. Pero si conseguimos descarbonizar el sector de la energía nuestro margen aquí será mucho mayor, ya que no necesitamos eliminar las emisiones completamente y podemos compensar una pequeña parte de las emisiones con sumideros naturales. Eso será suficiente para conseguir la estabilidad del sistema climático.

Como veis, los discursos derrotistas, pesimistas o descreídos no se sostienen en hechos. Se puede frenar el cambio climático, tenemos las herramientas y los conocimientos para hacerlo. Que lo hagamos es una cuestión de voluntad, de compromiso social y de priorización política, no de limitaciones técnicas o fantasiosas teorías que no esconden más que la incapacidad de proyectar soluciones.

Nadie dice que sea fácil. Existen enormes retos sociales, políticos, de gobernanza y tecnológicos... pero se puede hacer. Eso sí: habrá que acertar. Y para eso hay que ser realista y entender cuál es la mejor estrategia.

¡Es la política y la tecnología, estúpido!

«Es la economía, estúpido». Esta frase se hizo popular después de la victoria de Bill Clinton en las elecciones presidenciales americanas de 1992. La profirió James Carville, un asesor de Clinton que, ante los éxitos en política exterior del presidente y candidato republicano George H. W. Bush, quería focalizar la campaña en cuestiones internas y más tangibles para el votante americano. La estrategia funcionó bien y, desde entonces, esta frase y otras variantes similares se han usado para explicar determinados resultados electorales o remarcar la importancia entre el electorado de una materia en concreto.

Vista en perspectiva, esta es una de tantas frases de los años noventa que han envejecido bastante mal —casi a la altura del «fin de la historia» de Fukuyama—, ya que en la época actual la economía, vista desde un punto de vista objetivo y material, ha perdido fuerza frente a las percepciones subjetivas y emocionales sobre la situación social.

En verdad, nunca se ha podido explicar la realidad por una única causa o factor; siempre es más compleja de lo que nos gusta pensar.

En el debate sobre la transición ecológica también se suele caer en este tipo de visiones unívocas que pretenden definir el elemento clave que permitirá que todo funcione. Hace unos años se hablaba de la fiscalidad como el elemento crucial que permitiría descarbonizar la economía. Si imputábamos el coste de las externalidades negativas de las emisiones a las tecnologías y energías que las producían, y hacíamos realidad ese precepto de que «quien contamina, paga», todo funcionaría. Lamentablemente, y conforme hemos ido aplicando impuestos y tasas a las emisiones, nos hemos encontrado con las limitaciones de la fiscalidad como herramienta que soluciona todos los problemas. En algunos casos, nos resulta imposible implementar estos impuestos por las implicaciones sociales y la falta de tecnologías sustitutivas viables. En otros, hemos descubierto que estas tasas provocaban efectos indeseados, pues desincentivaban alternativas que deseábamos promocionar. En todos los casos, hemos tenido dificultades para calcular los costes adecuados y socialmente justos de las emisiones. La fiscalidad sobre las emisiones es, sin duda, una herramienta extraordinariamente útil, pero por sí sola no impulsará la transición energética a la velocidad que necesitamos.

Otro caso de visión unívoca, bastante menos trabajada que la anterior, es aquella que considera que la única manera de enfrentar la descarbonización es «decreciendo».

Esto, gritado en multitud de ocasiones más como un conjuro que como una propuesta, pretende ignorar todas las cosas que sabemos que funcionan para descarbonizar, desde la implantación de tecnologías limpias hasta la fiscalidad, pasando por las regulaciones ambientales y el desarrollo de innovaciones científicas. «Decrecer» se convierte así en un dogma inconcreto e intangible que, de hecho, es imposible que descarbonice por sí mismo, ya que sería el equivalente social a intentar descarbonizar únicamente con eficiencia energética.

En cualquier caso, diría que la falsa dicotomía principal que se plantea en el terreno de la descarbonización está entre quienes creen que la tecnología es el factor esencial que arreglará la crisis climática y quienes piensan que es la política, es decir, que son las regulaciones quienes lo harán.

Recuerdo un día, a finales de 2019, antes del confinamiento, que di una charla sobre transición energética y cambio climático en un evento relacionado con la COP25 que ese año se celebró en Madrid. Acabé mi discurso con una improvisación que no era la que tenía pensada pero que, después del desarrollo de la ponencia, me pareció que suponía un final más solemne. Al cabo de un rato, al acabar la jornada, me paré a hablar con unos representantes de un partido ecologista allí presente y les comenté que había cambiado el final, pero que originalmente tenía pensado otro.

«Iba a acabar diciendo que la tecnología no puede arreglarlo todo…». En ese momento, a mitad de frase, todos los mis interlocutores comenzaron a asentir con la cabeza y a decir «claro, claro». Sin embargo, la frase continuaba «... pero que la tecnología es imprescindible para descarbonizar la economía». Cuando acabé la frase, los movimientos de afirmación con la cabeza y las miradas cómplices desaparecieron. Eso de que la tecnología era fundamental no les había gustado, a diferencia de cuando dije que la tecnología no lo podía todo. Objetivamente ambas frases son las dos caras de la misma idea; vienen a decir que la tecnología puede con muchas cosas, pero no con todo. Sin embargo, a mis interlocutores no les gustaba que se señalasen las virtudes de la tecnología; solo se sentían cómodos al señalar sus limitaciones.

Esta anécdota creo que es muy simbólica para mostrar cómo los prejuicios nos hacen caer en posicionamientos absurdos y hasta cómicos. Esta misma situación se puede ver también en un sentido opuesto, entre personas que creen que la tecnología lo arreglará todo y que, además, sienten una desconfianza instintiva hacia el Estado y su regulación. En ese caso se razona de una manera también miope e ignorante de la realidad histórica, como si las tecnologías saliesen de la nada y el Estado y su regulación no tuviese que ver con el desarrollo de tecnología o su expansión. Es el «mito del garaje», de donde se supone que salieron los grandes desarrollos de Silicon Valley pero que, realmente, es un relato del mundo del emprendimiento y sustento de imaginarios del capitalismo tecnológico.

La realidad es que la mayoría de los grandes desarrollos tecnológicos tienen detrás al Estado, a la regulación o a la inversión pública, y esto es especialmente relevante en el sector de las tecnologías limpias. Si hoy tenemos paneles solares es porque la NASA los impulsó para sus satélites sin atender a su coste económico. Si los hemos desarrollado hasta conseguir una producción masiva fue gracias a las primas y tarifas de alimentación que implantaron muchos países para que se pudiesen instalar cuando aún no eran competitivos frente a las tecnologías fósiles. Lo mismo podemos decir del desarrollo de los vehículos eléctricos en China, impulsado por el Estado chino mediante subvenciones y normativas. Incluso Tesla obtuvo préstamos del gobierno de los EE. UU. y normativas ambientales en California que impulsaron su negocio durante sus primeros años.

Es importante entender que la transición energética no es un proceso de cambio tecnológico natural, sino forzado por la necesidad. La adopción de una tecnología de la comunicación o de un desarrollo informático, como podría ser un *smartphone*, se consigue desde el enfoque casi único del deseo del consumidor. Si estos desarrollos son deseados y atractivos, si son útiles para el consumidor, se venderán y, por tanto, acabarán adoptándose masivamente. Aquí es el deseo o la utilidad lo que los impulsa, pero no hay una necesidad social en su adopción. La expansión de internet se produjo en poco más de una década cuando el desarrollo tecnológico y la demanda del consumidor llegaron a un punto de unión, pero no teníamos realmente la necesidad de tener internet, su adopción podría haber tardado muchos más años o haberse dado medio siglo más tarde. Eso no hubiese generado ninguna problemática social derivada de su no adopción.

La transición energética es un proceso esencialmente distinto porque no está impulsado por el deseo del consumidor, sino por la necesidad social. Lo que importa en este proceso no es tanto la utilidad individual como el bienestar colectivo, y la fuerza impulsora de este proceso es la necesidad de acabar con una externalidad negativa de las tecnologías actuales que están dañando el planeta y a las futuras generaciones, a pesar de que el consumidor no lo perciba. En el caso de un desarrollo tecnológico «espontáneo» su éxito sucede cuando mejora en utilidad individual a la tecnología precedente. En el caso de la descarbonización con igualarlo es suficiente, porque la adopción se basa en necesidades colectivas.

El caso de la descarbonización es muy parecido al problema de los clorofluorocarbonos y la capa de ozono. Si para eliminarlos hubiésemos tenido que esperar a que existiesen otros productos similares con características mejores hoy tendríamos un gravísimo problema global con la capa de ozono. Como lo que importaba era el impacto colectivo de lo que estábamos haciendo, estos gases se prohibieron y eso llevó a la necesidad de sustituirlos por otros, que no eran mejores en el uso individual pero sí eran igualmente útiles y evitaban la destrucción de la capa que nos protege. Por tanto, cuando tenemos tecnologías limpias que igualan a las tecnologías que necesitamos sustituir, es cuando la regulación debe entrar a eliminarlas progresivamente. Pero tienen que prestar al menos el mismo servicio o hacerlo de forma asequible, porque si no generaremos un problema social que podría producir una reacción en contra de la transición energética y paralizarla con el tiempo.

La separación entre el desarrollo tecnológico y la acción regulatoria de las administraciones públicas siempre ha sido una idea *naive* e ideologizada, pero en el caso de la descarbonización directamente carece de sentido. La transición energética es un proceso de cambio tecnológico que requiere necesariamente el impulso público y unas regulaciones que la favorezcan para poder introducir el elemento del bienestar colectivo en las decisiones de los agentes y del mercado. De forma «natural» no es que no fuese a pasar, pero el riesgo de que no sucediese a tiempo sería extraordinariamente elevado. Descarbonizar en tres décadas implica que debe haber una estructura de planificación clara sobre qué se quiere hacer, qué tecnologías se quieren impulsar, cuáles deben desaparecer y cómo se realiza este cambio para que sea lo más rápido y eficiente posible.

Tan importante es entender esto como que la tecnología es nuestra herramienta fundamental —que no única— para conseguirlo. La humanidad tiene estos consumos energéticos porque su civilización está basada en el consumo de energía. Las sociedades cambian, sus necesidades van evolucionando, pero estos procesos no son rápidos excepto en caso de grandes catástrofes bélicas o económicas que nadie desea. La sociedad humana puede consumir menos energía, pero no va a aceptar prescindir de servicios energéticos. Vamos a querer nuestras casas iluminadas y calientes, nuestras fábricas en marcha, nuestros hospitales funcionando y tener transporte disponible para mantener nuestras relaciones sociales y laborales. Quien piense que la humanidad va a renunciar a eso para consumir una fracción de la energía que consume actualmente es que no entiende la sociedad en la que vive.

Seamos claros: si a la sociedad se la sitúa ante la dicotomía entre reducir sus necesidades energéticas de forma intensa para mantener la estabilidad del sistema climático o consumir energía fósil, elegirá lo segundo. No hay la más mínima duda de ello. No es que fuese algo imposible, pero el cambio cultural necesario para no optar por esta segunda opción no se va a dar ni en una generación ni en dos. La práctica totalidad de las culturas de la Tierra optarían por consumir energía fósil independientemente de sus consecuencias, y esto hay que entenderlo para no cometer errores infantiles en la acción climática. La única opción posible es ofrecer servicios energéticos similares, pero con energías limpias y tecnologías más eficientes.

Esta necesidad, tanto de regulación como de tecnología, es algo que está plenamente aceptado en los foros, debates y estrategias de la acción climática internacional. Sin embargo, hay enormes discrepancias sobre cómo hacer las cosas y grados de ambición diferentes; puede haber más énfasis en el impulso del desarrollo tecnológico, en la fiscalidad o en las prohibiciones, puede haber un foco mayor en la adaptación o en la mitigación, pero todo el mundo entiende que regulación y tecnología, ambas, son necesarias.

Porque la buena regulación y la tecnología se retroalimentan. La buena regulación impulsa el desarrollo tecnológico, la fiscalidad adecuada potencia la fabricación y adopción de tecnologías limpias y las prohibiciones necesarias desarrollan estándares técnicos superiores. Sin normas ni leyes el desarrollo tecnológico sería caótico y dependeríamos del azar de encontrar casualmente tecnologías limpias superiores a las fósiles. Sin tecnología, sería absurdo pensar ni siquiera en que podemos descarbonizar.

Tenemos tecnologías que funcionan impulsadas por normativas que las promueven. No es la tecnología, no es la política, son las dos a la vez. Y quien no entienda esto me temo que, en efecto, es un poco estúpido.

Ejemplos para un mundo nuevo

En estos tiempos, pedir esperanza no es tan sencillo, y se convierte en algo casi imposible cuando se trata de un ejercicio de voluntarismo. Pero en el caso de la transición energética, afortunadamente, tenemos muchos ejemplos sobre aspectos que funcionan, de países que van por buen camino en determinadas áreas y de proyectos que han conseguido cambios importantes.

Si analizamos la evolución de las emisiones de todos los países del mundo veremos dos países que han reducido notablemente sus emisiones de CO_2 en los últimos años. El caso más llamativo es el de Reino Unido, que emite en este momento menos de la mitad de lo que emitía en 1973, y eso que actualmente tiene un 20 % más de población. De los casi 660 millones de toneladas de CO_2 que emitía en 1973 debido a la quema de combustibles fósiles pasó a los 305 millones en 2023. Pero el gran descenso se ha producido desde el año 2008, con una reducción de 545 millones de toneladas a esos 305 millones, una caída del 44 % en quince años.

¿Qué hizo el Reino Unido en esos quince años? El cambio más importante fue acabar con el carbón en la generación eléctrica del país, que representaba un 32 % del total en 2008 y que prácticamente desapareció al inicio de la década de 2020. Para conseguirlo, aplicó en 2013 un coste de emisión de CO_2 más alto que el resto de los países, gracias a una política de precio mínimo. Mientras en Europa el coste de CO_2 no era suficiente para desincentivar el uso de carbón, en el Reino Unido este fue desapareciendo progresivamente y, en algunos casos, sus centrales se transformaron para trabajar con biomasa y no pagar este coste. Desde octubre de 2024 Gran Bretaña ya no tiene centrales térmicas que funcionen con carbón. El consumo residual que existe en la actualidad en su territorio es tan pequeño que es inferior al que se daba antes de la revolución industrial.

En paralelo, se produjo un importante desarrollo de energía eólica, sobre todo en Escocia, que pasó de ser anecdótica a representar el 30 % de la generación eléctrica británica, con lo que se convirtió en la principal fuente de generación eléctrica en 2024. El Reino Unido cerró las térmicas de carbón y, además, redujo su generación con gas natural y pudo cerrar algunos reactores nucleares sin efecto negativo en las emisiones. La generación renovable en el Reino Unido ha pasado del 6 % en 2008 a más del 50 % en 2024.

El hecho observado de que en el Reino Unido se haya acelerado la disminución de emisiones desde 2008 nos indica que no son los procesos deslocalizadores y desindustrializadores los que producen esta reducción, ya que estos se dieron con mayor intensidad antes de 2008. Las métricas de emisiones por consumo imputado —es decir, imputando las emisiones de los productos importados que se consumen en el país— también nos indican una fuerte reducción de emisiones en su economía. El descenso en la producción y refino de petróleo en el Reino Unido ha participado en esta bajada de emisiones, así como la de alguna otra actividad industrial muy emisora, pero el vector fundamental de esta reducción es la sustitución tecnológica de carbón por renovables, que explica casi el 60 % del recorte de emisiones desde 2008. También se han producido mejoras de eficiencia y consumo en el sector residencial, industrial y en el transporte. Hoy el Reino Unido tiene las mismas emisiones que tenía en 1872, mientras su PIB se ha multiplicado por 18.

Otro caso muy interesante es Suecia, que ha reducido todavía más las emisiones que el Reino Unido si nos fijamos en el último medio siglo. Las emisiones en Suecia eran casi de 85 millones de toneladas de CO_2 en 1979 y se redujeron hasta los 36,5 millones de toneladas en 2023, un descenso que se aproxima al 60 %. Pero a diferencia del Reino Unido, el descenso de emisiones no se observa fundamentalmente en los últimos años sino en dos momentos históricos distintos.

Las emisiones en Suecia cayeron de 85 a 57 millones de toneladas de CO_2 durante los años ochenta gracias a varios fenómenos que ocurrieron en paralelo. Por un lado, Suecia eliminó la mayoría de la generación fósil de su sistema eléctrico, que sustituyó fundamentalmente por energía nuclear. Por otro lado, se produjo una importante adopción de las bombas de calor durante los primeros años de la década de los ochenta, lo que ayudó a eliminar calefacciones de gasoil. Además, durante esos años tuvo lugar la sustitución de derivados del petróleo por electricidad en las industrias. En todo este periodo se establecieron medidas fiscales para favorecer el ahorro energético y la sustitución del petróleo por otras fuentes de energía, política producto de las crisis del petróleo de la década anterior.

Durante la década de los noventa y principios del 2000 las emisiones en Suecia, con un mix eléctrico bastante descarbonizado, se mantuvieron estables. Pero a partir de 2005 comienza otro descenso, más suave que el de los ochenta pero más sostenido en el tiempo, que llega hasta nuestros días. En estos años se acabó de desplazar los combustibles fósiles del sistema eléctrico gracias a la energía eólica, que en 2024 representó casi el 23 % de la generación eléctrica del país, se minimizó el carbón a la mínima expresión en la industria del acero y se redujo el consumo de petróleo en un 40 % desde 2005, en medio de un proceso progresivo de descarbonización de la calefacción y el transporte.

Suecia es un ejemplo de una política coherente de múltiples frentes: políticas de eficiencia energética, fiscalidad que penaliza las emisiones, aprovechamiento de los recursos naturales del país, electrificación de la industria y la climatización y, más recientemente, altas tasas de penetración del vehículo eléctrico, con más de un 50 % de cuota de mercado de vehículos enchufables a finales de 2024.

En el caso sueco se puede observar la importancia de las bombas de calor para la reducción del consumo de gas y petróleo, sobre todo en países fríos. Las bombas de calor se pueden instalar individualmente, pero también existen grandes bombas de calor que se pueden usar en sistemas de calefacción urbanos que existen en muchas ciudades y son habituales en algunos países, sobre todo en el norte de Europa.

Uno de los países que tiene mayor porcentaje de sistemas de calor urbanos es Dinamarca y, precisamente, allí se ha instalado una de las mayores bombas de calor de tamaño industrial para un sistema de calefacción centralizado. En la ciudad de Esbjerg, de setenta mil habitantes, el sistema de calefacción central estaba hasta hace poco alimentado por una caldera de carbón. A finales de 2024 se sustituyó por una bomba de calor industrial de 30 MW que obtiene su fuente de calor del agua de mar que baña la ciudad y que se encuentra a mayor temperatura que el aire en invierno. Además de la bomba de calor, el nuevo sistema se componía de una caldera de biomasa de 60 MW y unas calderas eléctricas como soporte para los días más fríos.

La instalación de este sistema va a evitar la emisión de 120.000 toneladas de CO_2 al año, que representan casi el 0,5 % de las emisiones de Dinamarca, eliminadas de golpe gracias a un solo sistema de calefacción. Usar bombas de calor en sistemas de climatización centralizados permite reducir emisiones rápidamente gracias a los miles de hogares que se pueden descarbonizar en una sola acción.

Dinamarca no es el único país que está usando esta estrategia, se está imponiendo en muchos lugares de Europa y fundamentalmente en Escandinavia. Por ejemplo, en un barrio de Helsinki, en Finlandia, se está instalando en la actualidad una bomba de calor de 33 MW apoyada por calderas eléctricas que suministrará calor a 30.000 hogares y reducirá las emisiones en 56.000 toneladas de CO_2 anuales, casi el 0,2 % de las emisiones finlandesas. Todos los países escandinavos tienen altas tasas de penetración de bombas de calor para la calefacción, siendo Noruega el líder entre todos ellos.

Noruega, además de por el liderazgo en instalación de bombas de calor y el grado de electrificación de su economía, ha destacado estos últimos años por la rápida adopción del vehículo eléctrico, siendo el líder mundial. La política noruega a favor de este tipo de vehículo comenzó en los años noventa, eximiéndoles de impuestos de circulación, peajes o tasas de aparcamiento. Pero la medida que a la larga tendría mayor impacto se implantó en 2001, con la exención del IVA para esa tipología de coches. En Noruega este impuesto es muy alto —el 25 %—, por lo que su exención ha supuesto un importantísimo impulso para la compra de estos vehículos. También se los benefició permitiéndoles subir gratis a los ferris o circular por líneas reservadas al transporte público cuando todavía había un porcentaje bajo de coches eléctricos en circulación.

A pesar de esta exención del IVA en 2001, los vehículos eléctricos no comenzaron a despegar en el país hasta principios de la década de 2010. Hasta esos años, prácticamente no hubo modelos equiparables en prestaciones a los de combustión, por lo que las ventas fueron pequeñas, pero a partir de 2013 la demanda de coches eléctricos creció rápidamente. En 2013 los vehículos eléctricos representaban el 5 % del mercado. En 2016, la cuota de mercado de eléctricos puros fue casi del 16 % y la de híbridos enchufables el 13,5 %. En 2020 el 54 % de la cuota de mercado ya era para los eléctricos puros y el 74 % eran enchufables. En 2025, prácticamente todos los vehículos que se venden en Noruega son eléctricos.

En poco más de una década los noruegos pasaron de un mercado totalmente basado en vehículos de gasolina y gasóleo a un mercado íntegramente eléctrico, a pesar de que los beneficios a los coches eléctricos eran muy anteriores. Esta evolución responde a las típicas curvas de adopción tecnológica en forma de S, con crecimientos lentos en las primeras etapas seguidos de una explosión exponencial de adopción de la nueva tecnología en pocos años, para finalmente llegar al 100 % de forma algo más suave. La velocidad de ese crecimiento exponencial no es fija; depende del tipo de tecnología y del contexto social y regulatorio. Pero el caso noruego nos muestra que un país puede hacer esta transición en ventas —que no en vehículos en carretera, que por la vida útil de los vehículos requiere más tiempo— a un mercado íntegramente eléctrico en una década.

Las curvas en forma de S para la adopción de vehículos eléctricos se pueden ver en muchos mercados en el mundo. Se observa claramente en mercados escandinavos como Suecia o Dinamarca, o de forma algo más suave en Países Bajos o Portugal. Pero donde se está produciendo la gran revolución del vehículo eléctrico es en China.

Según la Agencia Internacional de la Energía, en el año 2024 se vendieron en China más de 11,3 millones de vehículos que llaman «de nueva energía», que en esencia son eléctricos puros e híbridos enchufables. La cuota de mercado de estos vehículos llegó al 41 %. Esto contrasta con los números existentes tan solo cuatro años atrás: en 2020 se vendieron 1,3 millones de vehículos de nueva energía en el país, con una cuota de mercado que escasamente superó el 6 %. La venta de vehículos eléctricos de 2018 a 2020 estuvo estancada en China y no fue realmente hasta el año 2021 cuando comenzaron a crecer fuertemente.

Para llegar a ese punto, la apuesta china había comenzado muchos años antes. Después de la crisis financiera de 2008 el gobierno chino comenzó a invertir mucho dinero en factorías de vehículos eléctricos. La gran contaminación de las ciudades chinas en ese momento también ayudó, y el crecimiento de la industria del vehículo eléctrico fue de la mano de la electrificación masiva del transporte público en las ciudades. Tal es el caso de Shenzhen, sede de la empresa BYD, donde en 2017 consiguieron que todos los autobuses fuesen eléctricos, algo que se extendió a los taxis el año siguiente. En muchas ciudades chinas, para poder matricular un coche de combustión hay que ganar previamente un sorteo, una restricción que es mucho menor, o inexistente, en el caso de los eléctricos, lo que supone un obvio incentivo para comprar uno de estos vehículos.

El éxito del vehículo de nueva energía en China muestra esa relación virtuosa entre la tecnología y la regulación. Para los chinos el vehículo eléctrico representaba tanto una oportunidad industrial como una manera de mejorar la calidad de vida de sus ciudades, e impulsaron el proceso con una política industrial decidida y unas regulaciones ambientales que estimulaban su adopción. De hecho, y según datos del Ministerio de Ecología y Medio Ambiente de China, el país consiguió en tan solo ocho años —de 2013 a 2021— ser el país que más rápidamente mejoró la calidad del aire de sus ciudades en la historia de la humanidad, con reducciones de más del 50 % en los principales contaminantes atmosféricos.

China es un país muy dual, que produce impactos enormes —es el más contaminante del mundo— pero, a la vez, está haciendo desarrollos maravillosos a enorme velocidad. No solo es el que vende más vehículos eléctricos, sino el que instala más energía solar, eólica, almacenamiento, nuclear y prácticamente cualquier otra tecnología descarbonizada. Sus fabricantes de tecnologías limpias ocupan los primeros lugares de los top 10 de todos los *rankings* gracias a la política industrial de su gobierno.

Entre las cosas sorprendentes que ha hecho destaca el desarrollo de una enorme red de trenes de alta velocidad.

Hasta el año 2008, en que se inauguró la línea entre Pekín y Tianjin, de 120 kilómetros de distancia, China no tenía ningún servicio de trenes de alta velocidad. A finales de 2024 en China había 48.000 kilómetros de vías de alta velocidad con sus correspondientes servicios que habían realizado 3.300 millones de viajes ese año. Para 2030 el objetivo es llegar a 60.000 kilómetros de vías de alta velocidad. Para que se pueda contextualizar, el segundo país con más kilómetros de alta velocidad es España, con 4.000 kilómetros construidos desde 1992.

Este desarrollo está conteniendo los vuelos regionales en China. Según un estudio de varios investigadores chinos del Instituto de Energía, Medio Ambiente y Economía, de la Universidad de Tsinghua, publicado en 2023, el número de vuelos y de pasajeros aéreos cae alrededor de un 30 % después de la introducción de una línea de alta velocidad para el mismo trayecto, efecto que es más intenso cuando el viaje dura menos de cuatro horas. Las empresas chinas están comenzando a desarrollar trenes que pueden alcanzar velocidades superiores a 400 km/h y que pueden hacer todavía más atractivo el uso del tren frente al avión. El sector de la aviación en China es responsable de poco más del 0,5 % de las emisiones del país frente al 2 % de media mundial. Con este desarrollo generalizado de las líneas de alta velocidad, los ciudadanos chinos probablemente nunca llegarán a emitir con su sector de la aviación el equivalente a lo que han llegado a emitir per cápita los ciudadanos del mundo occidental, incluso antes de que las soluciones descarbonizadas comiencen a entrar en este sector.

No solo los países desarrollados son ejemplos de políticas de descarbonización. Para poder salir victoriosos en la acción climática es imprescindible que los países en vías de desarrollo puedan prosperar sin pasar por la etapa fósil que sí han experimentado todos los países actualmente desarrollados. Esto es un gran reto, es incluso más difícil que descarbonizar las sociedades avanzadas con capacidad de inversión, pero tenemos ejemplos esperanzadores.

Países como Namibia o Yemen están adoptando a ritmo muy acelerado la energía solar, a pesar de ser países con bajas tasas de electrificación, pero quizá el caso más llamativo del mundo es Pakistán. Este país de 250 millones de habitantes está entre los países más pobres del planeta, con una renta per cápita de escasamente 1.300 dólares en 2024. A pesar de eso, ha sorprendido al mundo porque importó 22 GW de paneles solares de China en 2024, esto es: unos 40 millones de paneles en un solo año. Se desconoce si se ha llegado a instalar esa cantidad de energía solar, ya que la mayoría de las instalaciones en ese país no están registradas o están aisladas de la red, pero con esa capacidad de generación solar instalada se estaría generando más de un 20 % de la electricidad que consumen los 250 millones de habitantes de Pakistán.

Este caso nos muestra la enorme potencialidad de la energía solar en los estados en vías de desarrollo. Los paneles solares son muy baratos y, por tanto, son relativamente accesibles para estos países y sus habitantes. En muchos casos sus redes eléctricas y sus bajas tasas de electrificación hacen difícil instalarlos en grandes desarrollos solares, pero es perfectamente viable hacerlo en pequeños parques o en instalaciones de autoconsumo. El Banco Mundial calcula que las pequeñas instalaciones aisladas de la red están permitiendo tener electricidad o servicios que dependen de ella a más de 400 millones de personas en el mundo.

Pero permitid que cuente el caso más osado de un país en vías de desarrollo. Hablo de Etiopía, uno de los países de muy baja renta que hay en África oriental. Etiopía tiene enormes recursos naturales, sobre todo hidroeléctricos, ya que por el país transcurren catorce grandes ríos, y por eso más del 95 % de su electricidad proviene de esta fuente de energía. Conocedores de este potencial, el gobierno etíope impulsó la mayor central hidroeléctrica de África, la gran presa del renacimiento etíope, con una potencia de más de 6.000 MW, que fue inaugurada en septiembre de 2025. La capacidad de generación de esta infraestructura es superior a todo el consumo eléctrico del país, por lo que Etiopía se ha convertido en un gran exportador de energía eléctrica.

Con esta capacidad de producción el gobierno de Etiopía ha tomado una decisión lógica pero muy audaz para su grado de desarrollo. A partir de 2024 se prohibieron las importaciones de vehículos de combustión, permitiendo solo la importación de eléctricos. La adquisición de petróleo en el exterior supone un gran problema económico para Etiopía, contratiempo que busca eliminar mediante la electrificación del transporte, a pesar de las obvias problemáticas que esto acarrea para un país tan solo parcialmente electrificado. Paralelamente, se están reduciendo progresivamente los subsidios gubernamentales a los combustibles importados, otra enorme fuente de gasto para el estado.

La quema de petróleo y sus derivados representa el 80 % de las emisiones de CO_2 relacionadas con la energía del país, por lo que su eliminación en el sector del transporte podría reducir sustancialmente las emisiones etíopes. Habrá que ver cómo le sale esta apuesta al gobierno, que también quiere potenciar la energía geotérmica y la solar para ampliar su generación de energía autóctona. Las dificultades son obvias para este país de 130 millones de habitantes, tanto por falta de infraestructura eléctrica como de población con la formación y las habilidades adecuadas, pero su éxito demostraría que un desarrollo que se haga directamente con tecnologías descarbonizadas podría estar al alcance de casi cualquier país, independientemente de su nivel de renta.

De América a Asia, del norte de Europa a África, tenemos ejemplos inspiradores del potencial de la descarbonización en países con recursos y grados de desarrollo muy diversos. Los pesimistas querrán ver anécdotas, carencias o apuestas que no van a salir bien, pero en realidad lo que tenemos son ejemplos de estrategias que pueden ser replicadas en muchas otras partes siempre que exista el apoyo político y económico necesario.

El valor de hacer lo correcto

Como creo que mis convicciones no tiemblan, déjenme que les hable claro: nuestra generación tiene una responsabilidad histórica que quizá no ha enfrentado otra en la historia de la humanidad. Nos estamos jugando transformar la era geológica de la Tierra, acabar con el Holoceno que ha hecho nacer nuestra civilización, lo que condicionará a todas las generaciones que nos sucedan y a su modo de vida. Tenemos la obligación moral de enfrentar esta emergencia y la historia nos condenará si no lo hacemos. Y no solo la historia, lo harán las miradas de los niños que aún no han nacido cuando, en treinta o cuarenta años, nos pregunten mirándonos fijamente a la cara: «Abuelo ¿por qué no hicisteis nada si la ciencia os estaba diciendo lo que iba a pasar?».

Yo no sé ustedes, pero yo me niego a agachar la cabeza el resto de mi vida. Quizá fracasemos, quizá lo que

> pase en China, en África o donde sea haga inútil lo que hacemos aquí. Puede ser. Pero quiero ser capaz de levantar la cabeza, mirar a los ojos y decir que, si fracasamos, no fue por lo que hicimos o permitimos. Y sé que este estado de emergencia hará que a veces nos equivoquemos o no tomemos las mejores decisiones, pero prefiero equivocarme a ponerme a tocar el violín mientras se hunde el Titanic con la maliciosa satisfacción de quien desea que ocurran desgracias para decir después «ya lo dije yo».

Estos párrafos corresponden a un artículo llamado «La utopía perdida», que publiqué a mediados de 2022, en el que hablaba de aquellos ecologistas que parecían haber olvidado su aspiración de ver un mundo funcionando gracias a energías renovables y sin energías fósiles. En el artículo hacía un llamamiento a la responsabilidad personal y a la obligación moral de actuar frente a la emergencia climática, algo que algunos de estos grupos parecían haber olvidado por conveniencia.

Reconozco que me costó mucho tiempo entender cómo algunos grupos que se hacían llamar ecologistas o relevantes personalidades de ese mundo podían abiertamente oponerse a políticas de promoción de las energías renovables, de electrificación del transporte u otras políticas climáticas. La pulsión anticapitalista explicaba gran parte de estas actitudes, pero no lo explicaba todo. También la focalización localista, que hacía obviar los impactos globales para entender la defensa del medio ambiente meramente como la permanencia inalterada del entorno cercano, tenía algo que ver. Pero había algo más: ¿cómo es posible que no sintiesen el peso moral de ejercer un activismo contrario a la acción climática global? Es decir: ¿cómo podían defender directamente el retardismo?

Hay un factor adicional en todo esto y es que, por cuestiones de aprendizaje, tendemos a juzgar nuestro comportamiento respecto a la defensa del medioambiente en función de nuestras acciones individuales. Se nos ha enseñado a proteger la naturaleza ahorrando agua, apagando las luces de casa, cogiendo el transporte público o separando los residuos domésticos en nuestro hogar. Este aprendizaje ha llevado a que juzguemos nuestro impacto sobre el planeta en función de nuestras acciones como consumidores o como demandantes de recursos.

Esta visión está muy presente en personas ecologistas o con sensibilidad medioambiental, que tienden a juzgar el compromiso ambiental propio y ajeno en base a estas métricas. Lamentablemente es una visión parcial, incompleta y que solo explica una parte de la realidad, pues la mayor parte del impacto ambiental de nuestra existencia está en cuestiones estructurales de la sociedad en la que vivimos, de la que somos beneficiarios de diversas maneras. A modo de ejemplo: en un país como España la agricultura consume el 80 % del agua, mientras que los usos urbanos representan el 15 % del consumo. El consumo urbano no es que sea irrelevante, la actitud de los consumidores, sobre todo en momentos de sequías en su zona, es importante, pero si quieres atender a los impactos hídricos de la actividad humana en el país el foco esencial debe ser la transformación de la agricultura.

En el ámbito energético sucede lo mismo. El consumo de las viviendas representa un porcentaje menor del consumo energético de la sociedad, con el agravante de que el proceso de descarbonización y la búsqueda del cero neto exige una eliminación casi total de las emisiones de nuestros países. De hecho, la realidad es que un europeo medio debería reducir sus emisiones per cápita —o sea, imputadas como miembro de la sociedad en la que vive— en un 95 % para alcanzar el cero neto. Para contextualizar la cifra: necesitamos unas emisiones per cápita similares a las de un norteamericano o un francés que viviese en 1840. Y esto no se consigue con acciones individuales, se consigue con transformaciones sistémicas.

La inmensidad del trabajo por hacer y el limitado impacto de nuestras acciones como consumidores no debe hacernos pensar que este problema está más allá de nuestras capacidades o de nuestra responsabilidad personal. No es así. La cuestión es que debemos entender la responsabilidad personal en todas sus dimensiones, no solo respecto a nuestras acciones individuales como consumidores. Una persona no solo consume, no solo opta por un modo de vida; una persona también forma parte de una sociedad y, por tanto, puede exigir cambios regulatorios y estructurales a los poderes que emanan de la ciudadanía. No somos solo consumidores; también somos ciudadanos.

Como ya he explicado en capítulos anteriores, la importancia que tienen sectores como el transporte de mercancías, la industria o la forma en que generamos la electricidad y el calor que consumimos es capital. Se trata de cuestiones que en gran parte escapan a nuestro control como consumidores —aunque no siempre—, pero que no nos resultan ajenas como votantes y ciudadanos. Podemos seleccionar las opciones políticas que sean más responsables con la acción climática, y podemos influir en la gobernanza de los distintos ámbitos territoriales de varias maneras. Además, podemos ejercer el activismo de muchas formas, incluso con cuestiones tan simples como alentar a nuestros amigos a instalarse paneles solares o a leer determinada información.

En un terreno donde las acciones realmente efectivas son estructurales, la acción e implicación a favor de estos cambios tienen un efecto mayor que las propias acciones individuales o los modos de vida personales. Esto, por obvio que parezca, resulta desconcertante para nuestros aprendizajes y la estructura moral construida a su alrededor. Quizá tenga que ver con la raíz judeocristiana del mundo occidental donde nació el ecologismo que conocemos, pero la necesidad de «penitencia» para considerarse un verdadero ecologista sigue estando ahí. Si no hay sacrificio, entonces lo que se hace no sirve o no eres verdaderamente ecologista. Esta forma de razonar idealiza la acción individual y minusvalora las acciones estructurales y políticas si no conllevan un grado de sacrificio personal para conseguirlas.

Al añadir este último factor a las pulsiones anticapitalistas y a la focalización en lo local, comenzamos a entender algunas de las incoherencias flagrantes a las que asistimos. Según el sexto informe de evaluación del IPCC de 2023, las dos opciones con mayor potencial y más costo-efectivas para reducir emisiones en esta década son la instalación de energía solar y eólica. La energía solar es la que tiene mayor potencial de todas. La instalación de energía eólica tiene prácticamente el mismo potencial que el mantenimiento de los ecosistemas naturales, por ejemplo, pero es bastante más costo-efectiva. Se trata, por tanto, de la prioridad climática número uno: ¿cómo alguien que se autocalifique de ecologista se puede permitir estar en contra de esto?

Hemos hablado de las acciones individuales y de las acciones como ciudadano, pero creo que en la responsabilidad personal existe un factor adicional que en determinados casos llega a ser más importante que las anteriores, que es no frenar la acción climática que se desarrolla a nuestro alrededor. Hay personas que militan activamente contra normativas o desarrollos que tienen impacto climático positivo y eventualmente llegan a paralizarlos, generando un daño climático que jamás podrán compensar con otro tipo de acciones.

Para explicar bien esta idea, que suena muy abstracta, suelo utilizar el coste social del carbono. Esta herramienta sirve para monetizar los daños climáticos que produce la emisión de cada tonelada de CO_2 a la atmósfera. Lamentablemente no hay una cifra universalmente aceptada y depende de estimaciones, aunque hay un consenso generalizado de que este coste está bastante por encima de 100 euros por tonelada. En un artículo publicado a finales de 2024 por investigadores de la Universidad de California en Davis, estos recalcularon el coste social del carbono llegando a una cifra de 283 dólares por tonelada. Cifras internas del Banco Mundial o el Banco Europeo de Inversiones, sin llegar a esta cifra, también se sitúan alrededor de los 200 euros por tonelada.

Monetizar el daño climático es útil para nuestra percepción de la realidad, ya que podemos convertirlo en algo tangible de uso común para nosotros y podemos valorar el daño que hacemos cuando obstruimos acciones o desarrollos con impacto climático positivo. Por ejemplo, imposibilitar el desarrollo de un parque eólico de 50 MW acaba produciendo que se mantenga la generación con gas o carbón de la electricidad que este parque ya no puede sustituir. Cada año en que no se produzca la sustitución de esa generación fósil por otra energía descarbonizada estaremos añadiendo a la atmósfera casi 50.000 toneladas de CO_2, si tenemos que generar con gas, o 100.000 toneladas, si es con carbón. Usando un coste social del carbono de 200 euros por tonelada hablaríamos de entre 10 y 20 millones de euros de daños climáticos anuales. Si este es el daño por la paralización de un solo parque eólico, imagínense el tamaño del daño de una moratoria a las renovables en un país o de una decisión judicial de paralización masiva del desarrollo de parques eólicos.

Estos daños climáticos no son abstracciones. Hablamos de daños que ya conocemos, como los efectos de las inundaciones ocasionadas por fenómenos incrementados en su virulencia por el calentamiento de la tierra y los océanos, o las sequías persistentes producto de la alteración del régimen de lluvias. Detrás de cada tonelada de CO_2 hay un daño real que puede tener lugar en cualquier lugar del planeta y en algún lugar del futuro próximo. Pensad, por ejemplo, en un agricultor sirio sin cosecha que vender a causa de la sequía o en un vecino afectado por la DANA de Valencia.

Nadie que sea consciente de la realidad climática puede ignorar esto. Eso no quiere decir que absolutamente todas las acciones o desarrollos que produzcan una reducción de CO_2 deban ser aceptados. Hay más factores a tener en cuenta, y cada realidad concreta debe ser analizada de forma compleja —aunque este daño climático siempre tiene que estar presente en la balanza de pros y contras que lleva a tomar decisiones—. Se puede estar en contra de un proyecto renovable concreto si concurren circunstancias sociales, económicas o de impacto local que pesen más que el impacto climático, pero deben ser casos claros y justificados, no recursos dialécticos vacíos que, en el fondo, solo escondan deseos o intereses particulares, como en muchas ocasiones sucede.

Por supuesto, a cada persona hay que exigirle según sus capacidades y su responsabilidad. Es difícil pedirle a una persona ordinaria con escaso conocimiento de estas cuestiones que interiorice la perspectiva climática en sus análisis. Pero a un militante ecologista que lleva lustros de militancia se le debe exigir responsabilidad en sus acciones y no aceptarle razonamientos tramposos, miopes o irresponsables. También a los responsables políticos locales se les debe exigir responsabilidad en sus posicionamientos y a los partidos políticos de los que forman parte que les ofrezcan las orientaciones, herramientas y apoyo para ejercer una acción conforme a los compromisos climáticos. La responsabilidad de las organizaciones a la hora de orientar a sus cuadros es imprescindible aquí, porque si no la hay la tendencia natural del responsable político será ir a lo fácil, a lo que le genere menos conflicto y sea más cómodo. Es decir, resistencia al cambio.

He conocido a lo largo de mi vida a muchas personas que se consideran a sí mismos adalides de la lucha contra el cambio climático por ir en bici o no pisar un centro comercial, cuando luego se dedican a intentar frenar leyes que promueven la descarbonización porque no cumplen sus estándares maximalistas o a boicotear plantas solares, eólicas o de biogás mediante movilizaciones o boicot administrativo. En algunos casos se produce debido a una ignorancia inducida por los aprendizajes que comentaba anteriormente, pero en otros casos es sencillamente cinismo. Lamentablemente, el dogmatismo aferrado hace difícil distinguir si es un caso u otro.

Hay quien vive el ecologismo como un elemento identitario y, cuando sucede eso, siempre hay una tendencia perversa a concentrarse en uno mismo y no en las consecuencias reales de lo que se hace. Si el ecologismo se vive como un movimiento que consiste en vivir en comunión con la naturaleza, alejarse del consumismo y odiar mucho a las empresas como encarnación del capitalismo, entonces estamos ante un movimiento posmoderno y anti-político que, en ocasiones, es capaz de posicionamientos grotescos y profundamente dañinos. Como movimiento identitario solo mirará el confort emocional personal, la identidad de grupo y la necesidad de tener razón frente al mundo hostil que los rodea. Esto es exactamente lo contrario de lo que el mundo necesita.

La acción climática coherente no es sencilla. Por un lado, puede producir cierta eco-ansiedad al ver los impactos medioambientales que tiene nuestra forma de vida. Por otro lado, también se produce la tendencia contraria, que lleva a pensar que como todo es una cuestión estructural, nada es nuestra responsabilidad y, por tanto, lo que hagamos no es relevante. Ambas posiciones son peligrosas y no llevan a ningún lado. Lo que procede es un justo medio entre ambas. No se trata de ser un asceta climático; nuestra sociedad está sostenida sobre una base fósil de la que no podemos escapar. Pero dentro de nuestro conocimiento y nuestras posibilidades siempre hay cosas que podemos hacer. A veces sí podemos consumir mejor, comprar tecnologías más limpias, productos con menores impactos y evitar acciones absurdamente dañinas cuando tenemos otras con una utilidad similar que no lo son. Pero sobre todo tenemos que ser coherentes con nuestras acciones ciudadanas, porque en caso contrario todo lo anterior será irrelevante.

Todo esto enlaza con un debate histórico y nunca resuelto sobre cómo comunicar el cambio climático y la necesidad de acción climática. ¿Cómo movilizamos a la gente? Generalmente ha habido dos respuestas a esta cuestión. Por un lado, hay quien ha querido movilizar en base a la crudeza del mensaje e infundiendo temor. Esas personas han comunicado el cambio climático centrándose en los desastres que venían si no hacíamos nada, como forma de hacer reaccionar a la ciudadanía. Esta estrategia creo que ha sido un fracaso. El miedo no funciona para impulsar cambios sistémicos, lo único que hace es alejar a la gente de nuestro mensaje y empujarla a abrazar la despreocupación o incluso mensajes negacionistas. Pienso que no se ha querido entender que el miedo no es un arma de movilización, sino un arma de reacción. El miedo se utiliza de forma muy eficaz por parte de los movimientos ultraconservadores y reaccionarios para que nada cambie o para promover la venganza, pero casi nunca ha servido como herramienta de transformación.

La segunda estrategia ha sido positivizar, es decir: no focalizar en los desastres que tenemos que evitar, sino en las ventajas de hacer este cambio. Hemos compartido la visión de ciudades más limpias, un mundo más agradable en que vivir, mejor salud pública... Yo, por mi parte, siempre he sido partidario de esta estrategia comunicativa frente a la anterior. Sin embargo, lo cierto es que tampoco está ofreciendo los resultados esperados. Algo falla.

Yo no tengo la respuesta a este dilema y menos en una época de desinformación masiva como la actual, pero sí tengo una hipótesis: creo que hemos pecado de hacer el mensaje demasiado parecido a lo que nosotros, los convencidos, pensamos y sentimos. Sin embargo, la gente piensa de otra manera, tiene otras preocupaciones, y no hemos sabido entender qué preocupa y motiva a la gente para poder analizar entonces cómo nuestras propuestas pueden encajar. Hemos querido evangelizar y no hemos sabido escuchar, pensando que lo que teníamos que hacer era modificar los valores de las personas. Y ha sido un error, porque además los valores de las personas ya están mucho más próximos a la transición ecológica de lo que estamos dispuestos a aceptar.

En mi opinión, la descarbonización ofrece un proyecto con características que pueden ser mayoritariamente aceptadas por nuestras sociedades. La propia independencia energética de sociedades sin recursos fósiles como las europeas es algo que sería ampliamente apoyado por los ciudadanos. No creo que nadie quiera depender de Arabia Saudí, de Rusia o de Argelia cuando puede tener una práctica autosuficiencia energética aprovechando los flujos de viento, agua y radiación solar de su territorio. Obviamente el mensaje tendrá resistencia por parte de los grupos a quienes este cambio no les interesa o de aquellas personas incapaces de imaginar un mundo distinto, pero es un mensaje ganador.

Las energías renovables también ofrecen precios baratos de la electricidad y estabilidad económica en nuestras sociedades. Las crisis energéticas recurrentes por conflictos geopolíticos que acaban con restricciones y aumento del precio de los combustibles fósiles afectan a las economías dependientes. En un mundo basado en energías renovables estas crisis no sucederían. Da igual la ideología de una persona: a nadie le gusta que exista ese riesgo. De la misma manera, nadie quiere ciudades contaminadas que aumenten el riesgo de muertes prematuras o enfermedades respiratorias. No es, por tanto, una cuestión de ideología. De hecho, así se está ganando la guerra contra el tabaco: ¿por qué no usar este exitoso método para fomentar la eliminación de los combustibles fósiles?

Que la gente desee una electricidad barata, independencia energética o una reindustrialización de su país no es algo perverso, no son sentimientos oscuros y egoístas que haya que erradicar. Al revés, hay que aprovecharlo. No hay que aleccionar y moralizar para construir el hombre nuevo; el clima no va a esperar a que suceda esa transformación sociológica.

En todo caso, para que todo esto funcione falta un elemento de trascendencia. Como indicaba en el texto con el que comencé este capítulo, la lucha contra el cambio climático es la batalla de nuestra vida, pero no todo el mundo puede entenderlo así. Sin embargo, si podemos readaptar esta lucha hacia un proyecto de sociedad mejor, hacia un futuro que recoja los anhelos sociales, de mejora y de éxito, entonces podremos movilizar a las mayorías sociales.

A mí me gusta un término que usan en China y que, de hecho, ya está considerado como parte del pensamiento del líder chino Xi Jinping: «civilización ecológica». La «civilización ecológica» no representa solo un modelo de desarrollo que tenga en cuenta el medioambiente —en oposición al desarrollo de China de finales del siglo XX y principios del XXI—, sino que evoca varias cosas: una reindustrialización con nuevas energías, un país donde no mueran prematuramente cientos de miles de personas por la contaminación del aire, y un papel de liderazgo internacional por parte de China para crear una nueva economía en el mundo. Salud, liderazgo, industrialización, progreso y destino colectivo. Es algo estructural, algo que trasciende.

Nosotros no somos chinos, nuestro sistema político es pluralista, nuestra opinión pública es libre, no tenemos ni la cultura colectivista asiática ni hemos pasado por los mismos problemas ambientales recientes. Pero reconoced conmigo que nuestro «desarrollo sostenible» —que, en definitiva, no es tan distinto a la civilización ecológica— no nos evoca eso. Le falta trascendencia, proyecto y misión. Y eso es lo que debemos conseguir, que la descarbonización se convierta en un proyecto de transformación trascendente, ganador y que «enganche» a la gente.

El reto, en definitiva, es conseguir una convicción social colectiva que apoye y empuje hacia una transformación sistémica, entendiendo las limitaciones de las acciones individuales. Pero para eso hay que hacer lo correcto, y esto empieza por uno mismo. La lucha contra el cambio climático es la primera prioridad ecológica de nuestra época y quienes están llamados a ejercer influencia desde cualquier posición deben entenderlo. El primer adversario que debemos vencer es nuestra tendencia al purismo, el moralismo y el sectarismo.

Una propuesta para mañana

Sabemos que la acción climática no puede esperar, que tenemos las soluciones para abordar la descarbonización, pero ¿por dónde empezamos? La inmensidad del reto acaba siendo apabullante si no se dispone de una hoja de ruta clara, por lo que debemos trazar una estrategia. Afortunadamente el camino ya está delineado. En la COP28 de Dubái se marcaron los objetivos que debemos alcanzar para 2030 en base al realismo y que nos permitirán seguir persiguiendo otros más ambiciosos. Los compromisos adquiridos fueron: triplicar la velocidad de instalación de energías renovables, duplicar el ritmo de mejora de la eficiencia energética, eliminar el carbón lo más rápido posible y reducir la emisión de gases de efecto invernadero distintos al CO_2, fundamentalmente el metano.

Como necesitamos ganar tiempo, el enfoque óptimo es hacer rápidamente aquellas cosas más costo-eficientes, es decir, concentrar los recursos en aquellas acciones que sabemos que se pueden hacer rápido, masivamente y que van a funcionar. Y creo que la primera es, sin ninguna duda, sustituir la generación eléctrica con centrales de carbón por energía solar. Es un cambio que elimina el combustible fósil más contaminante por la forma de energía descarbonizada más barata que tenemos. La energía solar es más barata que el carbón en prácticamente todo el mundo, por lo que es un cambio que se puede realizar sin excesivos problemas. Además, la capacidad de producción de paneles solares ya excede los 1.000 GW anuales, por lo que no hay riesgo de un cuello de botella productivo. Para que nos hagamos una idea, eso implica que se podrían fabricar casi dos mil millones de paneles solares anualmente.

La energía solar, además, se puede instalar en todos los tamaños y formatos. En países con buenas redes eléctricas se puede integrar mediante parques solares, pero incluso en países con redes deficientes puede instalarse en los tejados o terrenos colindantes a viviendas y fábricas, e incluso fuera de red con soporte de baterías. Las posibilidades son enormes, y esto le da una potencialidad como ninguna otra fuente.

En la generación con carbón el país que destaca muy por encima de los demás es China, que ya está transitando este camino. Pero también tenemos muchísimos estados con un alto porcentaje de este combustible en su generación eléctrica, aunque un menor consumo total. Países como la India, Turquía, Sudáfrica, Indonesia, Vietnam, Malasia, México, Japón, Corea del Sur, Israel y otros muchos más tienen la posibilidad de eliminar gran parte del carbón por energía solar en pocos años. En los casos de las naciones más próximas al ecuador, como la India, la penetración puede ser muy alta porque su generación solar es bastante estable entre estaciones del año.

De la misma manera que esta sustitución se puede hacer eliminando el carbón, también se puede hacer con las centrales de gas natural o las que funcionan con fuelóleo. En los países de África la generación con gas es más habitual que con carbón. En las islas y en países petroleros se usa el fuelóleo. La reducción de emisiones será menor, pero en el caso del gas tenemos el efecto adicional de que evitamos las fugas de metano en su transporte y quema, que es uno de los objetivos climáticos a 2030. La reducción de la minería del carbón y de la producción de gas también eliminarán emisiones de metano relacionadas con esa extracción. En el caso de la generación con petróleo, esta es ineficiente y cara; sustituirla por producción solar es una buena idea desde todos los puntos de vista.

La energía solar es deseada en todo el mundo, pero no todos los países pueden permitírsela. Hay un caso muy paradigmático que es Cuba, con importantes proyectos para instalar energía solar y evitar la importación de petróleo y los problemas de suministro de su vieja infraestructura fósil. Lamentablemente el bloqueo económico sobre la isla les impide poder desarrollarla a la velocidad que desearían. Otros países no pueden sencillamente porque no tienen capacidad económica para hacerlo a gran escala, a pesar de lo baratos que actualmente son los paneles solares.

Uno de los compromisos aprobados en las cumbres del clima era el de la movilización de cien mil millones de dólares al año desde los países desarrollados para la financiación climática. La cantidad es insuficiente —es el 0,1% del PIB del G20—, pero, si la transformamos en instalaciones solares, esa cantidad se podría convertir en 150 GW de instalaciones solares adicionales anuales —que serían capaces de producir la cuarta parte de la generación eléctrica de África—. Si destinamos una parte de estos fondos a este despliegue en los países más pobres, podremos descarbonizar también aquellos sistemas eléctricos que no han comenzado a hacerlo y que se basan casi íntegramente en combustibles fósiles. Y, por supuesto, con algo así no debe haber ni bloqueos ni sanciones que valgan. Las instalaciones solares —y renovables en general— deberían ser consideradas bien de primera necesidad mundial y, por tanto, poder ser comerciadas u ofrecidas sin limitaciones.

La energía solar es la herramienta más poderosa que tenemos en este momento, pero para descarbonizar necesitamos muchas más cosas. Debemos poner el foco en esos dos tercios de las emisiones que podemos eliminar con unas pocas tecnologías, cuatro principales —solar, eólica, bombas de calor y vehículos eléctricos— y otras complementarias —baterías, sistemas hidroeléctricos, bioenergía, etc.—. Pero hay que tener claro dónde estas tecnologías pueden eliminar más emisiones y más rápido para poder priorizar los esfuerzos.

El caso de las bombas de calor y la climatización es un ejemplo. La estrategia de instalar las bombas de calor en sistemas de calefacción urbanos es una de estas acciones con las que consigues grandes reducciones de emisiones rápidamente. Destinar ahí los recursos tiene más efectividad que transformar la calefacción de las viviendas individuales. La climatización de grandes espacios o de calderas colectivas de edificios debería ser prioritaria a la hora de establecer ayudas e incentivos, de la misma manera que en las zonas más frías el efecto es mucho mayor que en zonas templadas.

A nivel de ayudas a la movilidad se debería aplicar el mismo criterio. Electrificar aquellos vehículos que tienen un uso intensivo es más costo-efectivo que la electrificación de un vehículo de menor uso. En este sentido, los taxis y los autobuses urbanos son vehículos que realizan cientos de kilómetros todos los días y que deberíamos electrificar prioritariamente. Además, su electrificación mejoraría la contaminación atmosférica y acústica de las ciudades y representaría un ejemplo visible y exitoso de la electrificación del transporte, porque los ahorros económicos por menor consumo para estos vehículos son muy altos.

A la hora de analizar qué es más costo-efectivo, las medidas deberían tener el foco más local posible. En Europa se ha puesto tradicionalmente mucho ímpetu en la rehabilitación energética y en sistemas de aislamiento de las viviendas. Son obras costosas y caras, que para las viviendas unifamiliares del norte de Europa tienen sentido por el gran ahorro energético que aportan, pero quizá no lo tengan en un edificio de una zona costera del sur de España. En estos casos, con mucha menos inversión podrían instalarse sistemas de autoconsumo colectivo que generasen electricidad para climatizar en verano y otras medidas de bajo coste que, sin conseguir viviendas tan eficientes, produjesen más ahorros de CO_2 por euro invertido y, por tanto, permitiesen promover decenas o cientos de miles de actuaciones de forma rápida y con una inversión aceptable.

La eficiencia energética es fundamental, pero la emergencia climática nos obliga a ser pragmáticos con lo que hacemos. Todos tenemos un aprendizaje que habla de «eficiencia primero», pero creo que debemos cambiar ese enfoque por «descarbonización primero». Si para evitar el consumo de 1 kWh debemos invertir el triple de recursos de los necesarios para generar 1 kWh de energía limpia, deberemos priorizar lo segundo. Si con el mismo dinero con el que podemos hacer una rehabilitación integral y llevar a una vivienda a una calificación energética A pudiésemos hacer varias intervenciones menores y mejorar cinco viviendas hasta la etiqueta C, es más adecuado hacer esto último.

Transformar millones de viviendas a estándares energéticos actuales representaría un coste probablemente inasumible para las arcas públicas si estas deben asumir los costes de esta transformación, pero en cambio sí tiene todo el sentido del mundo que cualquier nueva vivienda que hagamos se haga con estándares de emisiones cero. En Europa la normativa ya contempla que sea así para 2030, pero se siguen haciendo cosas sin sentido, como instalar gas natural en las nuevas viviendas. No hay justificación alguna para instalar gas o gasóleo para climatizar nueva vivienda, es sembrar un futuro problema de sustitución que deberíamos evitar a toda costa.

Lo mismo debería aplicarse a la movilidad. Los aparcamientos de los nuevos edificios deben estar preparados para electrificar todas las plazas —como indica la legislación europea—, pero además cualquier desarrollo urbano debe hacerse pensando en un futuro cercano de electrificación total de los vehículos. Vivimos sobre un mar de cables y existe la posibilidad de sacar un punto de carga para vehículos eléctricos de prácticamente cualquier sitio. No tiene sentido desarrollar una nueva zona urbana y no pensar que cualquier vehículo que estacione en la calle va a ser eléctrico y que probablemente desee cargar allí. De las farolas, aceras o elementos urbanos deben salir puntos de carga de baja potencia.

Otro desarrollo fundamental debe ser la posibilidad de carga en los centros de trabajo. Siendo la energía solar nuestra fuente energética más prometedora y de mayor desarrollo, sería conveniente que los vehículos pudiesen cargar por la mañana y no por la noche como se solía pensar hace unos años. Que los trabajadores que acuden a los centros de trabajo en coche por necesidad —por ejemplo, porque trabajan en un polígono industrial— pudiesen cargar allí sus coches en horas solares, aunque solo fuese para hacer los trayectos diarios, ayudaría a la adopción rápida del vehículo eléctrico y contribuiría además al desarrollo de la energía solar fotovoltaica.

Casi todas estas medidas apuntan a algo más general, que enraíza con la adopción tecnológica pero también con un concepto de desarrollo de nuestra sociedad: debemos convertirnos en electro-estados. Todo lo que pueda ser eléctrico debe ser eléctrico y donde haya tecnología electrificada ese debe ser el estándar tecnológico que contemple las normativas, que se impulse desde las administraciones públicas y que sea aspiracional para la propia población. En países dependientes de petróleo o gas, que son la mayoría, esto no debería ser problema: transicionar a tecnologías electrificadas es la manera de usar la energía que generan los propios recursos naturales del país. Es independencia energética y sería, hasta cierto punto, patriótico.

Pero para que esto se pueda llevar a cabo necesitamos que esta nueva forma de energía final sea accesible y barata. No vamos a poder hacer una transición energética si a la población se le encarecen progresivamente los combustibles fósiles, para desincentivarlos, y no se le ofrece nada a cambio. Si la transición energética se entiende solo como un aumento de costes, aparecerá una fuerte resistencia y la transición encallará. Necesitamos ofrecer a nuestras poblaciones un beneficio tangible y este es la electricidad barata gracias al enorme potencial y competitividad de las energías renovables.

Aquí chocamos, una vez más, con nuestros aprendizajes. Como venimos de la cultura de «la eficiencia primero» solemos pensar que la energía tiene que ser relativamente cara para evitar su despilfarro. Pero la realidad es que si aplicamos este concepto indiscriminadamente acabaremos por mantener el *statu quo* y la relación actual entre fuentes de energía. Este criterio ya no puede aplicarse de la misma manera que hace unas décadas porque ahora la electricidad es mayormente descarbonizada y los combustibles fósiles no lo son ni lo serán jamás. Así pues, debemos abaratar la electricidad de la manera que podamos para hacerla más atractiva que los combustibles fósiles y, además, debemos dejar claro que esta es una situación que se va a mantener de forma estructural.

Con relación a esto, hemos de entender que la electrificación masiva tiene varias barreras que superar. La primera es cultural, de resistencia o desconfianza a adoptar tecnologías distintas a las que estamos acostumbrados. Y su tratamiento debe enfocarse en políticas claras, ofreciendo previsibilidad y creando ejemplos destacables que permitan tener referencias que produzcan un efecto de imitación y contagio.

La segunda, que ya es económica, es que, frente a una nueva compra o instalación, el coste total de la alternativa electrificada debe ser menor a la fósil. Incluso si el coste de adquisición de la tecnología eléctrica fuese algo más caro, si tenemos unos costes inferiores en el consumo energético a lo largo de la vida útil del bien, al final sale a cuenta. Debemos conseguir que la electricidad sea lo suficientemente asequible para que cuando un consumidor o una empresa haga números para una nueva adquisición opte por un vehículo eléctrico, una bomba de calor o un horno eléctrico, y no por las alternativas fósiles tradicionales. Si superamos esta nueva barrera, la adopción de las tecnologías electrificadas será progresiva.

Pero si queremos realmente una transformación masiva necesitamos ir un paso más allá. Ya no es que la alternativa electrificada sea más barata ante una nueva adquisición; necesitamos que quienes actualmente tienen una tecnología que funciona con combustibles fósiles tengan incentivo para cambiar a la electrificada incluso cuando esto les suponga un desembolso inicial que no tendrían si no cambiasen. Para conseguirlo los costes de adquisición deben ser rápidamente amortizables, y eso solo puede suceder si la diferencia de precio entre la electricidad y su alternativa fósil es alta y/o si la diferencia de eficiencia también lo es. Esto es especialmente relevante en la industria, donde las inversiones se hacen con la perspectiva de que duren décadas.

En los precios eléctricos que pagamos no solo hay costes de generación, sino también costes de las redes eléctricas, cargos de política energética que se imputan a los consumidores e impuestos. En muchos países, además, hay subvenciones. Una política que apueste por la electrificación debe trabajar en todos esos aspectos. También debemos quitarnos de la cabeza la reticencia a bajar impuestos. Bajar impuestos a la electricidad y subírselos a las energías fósiles es una política inteligente y alineada con la acción climática. Redistribuir costes, reduciéndoselos a la electricidad y subiéndoselos a la infraestructura fósil también lo es.

A estas alturas, con el objetivo de aumento de 1,5 °C prácticamente perdido, todo lo que hagamos debe estar atravesado por la perspectiva climática. Salvo excepciones por cuestión de urgencia o de falta de alternativa, cualquier infraestructura, normativa, código o desarrollo legal debe ser coherente con los objetivos de descarbonización. No podemos invertir en nada que tenga una vida útil de muchas décadas y que no sea coherente con el cero neto si existe alternativa, porque es ponernos una soga al cuello de nuestros propios objetivos.

La perspectiva climática no debe ser un bonito palabro que llene las exposiciones de motivos de nuestras leyes, pero que después no tenga aplicación práctica. La perspectiva climática debe impregnarlo todo, debe poder condicionar leyes, inversiones y decisiones judiciales de la misma manera que los fundamentos constitucionales de los estados condicionan la naturaleza de las leyes y la acción política. No estoy diciendo con esto que deba ser un precepto constitucional. Francamente, no lo sé. Pero no puede ser que haya tribunales, por ejemplo, que estén paralizando masivamente desarrollos renovables por motivos ambientales, suspendiendo su implantación por sus posibles impactos locales sin tener en cuenta los impactos climáticos que tiene esa propia paralización. De la misma manera, la perspectiva climática también debería impedir las paralizaciones judiciales en zonas de bajas emisiones o, en sentido contrario, pero con la misma lógica, tomar especialmente en consideración a aquellos demandantes que se opongan a infraestructuras incoherentes con el cero neto.

Esa perspectiva climática también debería fortalecer las leyes climáticas y dificultar situaciones como las que estamos viendo en los EE. UU. con el intento de reversión de todas las políticas climáticas y en favor de la transición energética que está desarrollando la administración de Donald Trump, incluso en clara confrontación con los gobiernos de los estados. Es un terreno claramente pantanoso, porque un gobierno democrático tiene el derecho de gobernar en base a sus competencias, de ahí que proponga que la perspectiva climática sea algo parecido a un fundamento constitucional. La protección del clima en tanto en cuanto afecta a los derechos de las generaciones presentes y futuras no se puede dejar al albur de arrebatos irresponsables y populistas. En 2024 el Tribunal Europeo de Derechos Humanos falló en una histórica sentencia que la inacción de un gobierno frente al cambio climático puede ser considerada una vulneración de los derechos humanos. En 2025 la Corte Interamericana de Derechos Humanos reconoció el derecho a un clima sano, y más tarde ese mismo año el Tribunal Internacional de Justicia de las Naciones Unidas indicó que los países firmantes de acuerdos sobre el clima tienen la obligación de tomar medidas para cumplirlos. Comienza a haber jurisprudencia que relaciona la acción climática con los derechos humanos y este es un camino que deberíamos explorar.

En el año 2023, en la presentación del sexto informe del IPCC, el secretario de la ONU, Antonio Guterres, resumió la situación con esta frase que ha hecho historia:

> En resumen, nuestro mundo necesita una acción climática en todos los frentes: todo, en todas partes, al mismo tiempo.

Mañana no podremos comenzar por todas partes, pero sí podemos comenzar por aquellas cosas que nos harán avanzar más rápido: instalación de energía solar masivamente y en todo el mundo, electrificación acelerada del transporte, electrificación y descarbonización de las redes de calor más grandes y los sistemas de climatización colectiva, y hacer que la electricidad sea más barata que los combustibles fósiles con las medidas fiscales y regulatorias necesarias. Volvemos a la triada: renovables, vehículo eléctrico y bombas de calor, y electricidad barata para catalizar el cambio.

Esto no va a evitar que tengamos que realizar todas las otras acciones de descarbonización que se han comentado a lo largo del libro y, también, aquellas que quedan fuera del alcance de este libro relacionadas con la agricultura y la protección de ecosistemas, pero estas primeras acciones nos van a ofrecer victorias rápidas y recortes en las emisiones a una velocidad acelerada. Son nuestras mejores jugadas; son acciones que sabemos que funcionan porque las hemos visto funcionar en muchos países y debemos comenzar por ahí ya, sin excusas que valgan.

Porque la realidad es que necesitamos victorias, necesitamos ver que podemos tener éxito. Empezar por lo más rápido y lo más sencillo no es solo una estrategia correcta desde el punto de vista de una reducción rápida de las emisiones que nos permita ganar tiempo en la descarbonización, es también una estrategia para aumentar la moral social. Todos necesitamos ver que nuestras estrategias funcionan, necesitamos insuflarnos de optimismo y de convencimiento, y por eso también es importante comenzar por aquí.

Epílogo: convicción para no rendirse

Todas las reflexiones vertidas en este libro se basan en una convicción personal. No es una cuestión de fe, al contrario: se sustenta en el conocimiento de lo que pasa en el mundo y se edifica sobre bases sólidas. Es mi criterio personal, sí; pero se fundamenta en criterios técnicos.

Llevo casi toda mi vida laboral en el mundo de la energía. He tenido experiencias en el sector privado y responsabilidades públicas, he estudiado la transición energética desde muchos ángulos y puntos de vista, y durante estos años he cambiado de opinión en algunas cosas y modificado algunas de mis percepciones sobre determinados temas. He aprendido qué funciona y qué no, y creo que, poco a poco, voy vislumbrando mejor el camino a seguir y las mejores estrategias a implementar.

Pero debo reconocer que, por mucha convicción que tenga, las propias dinámicas del mundo me llevan en ocasiones a flaquear. En 2015 el Acuerdo de París, con sus limitaciones, abrió el camino a un pacto global climático, y por primera vez veíamos que la descarbonización era algo más que palabras. En 2020, a pesar de la pandemia de la Covid-19, se produjeron acontecimientos de enorme trascendencia a nivel climático: el *European Green Deal,* el compromiso de China de alcanzar la neutralidad climática en 2060 y la victoria del demócrata Joe Biden en las elecciones presidenciales de los EE. UU. Por primera vez, ante una crisis económica —y sanitaria—, las cuestiones medioambientales y climáticas no fueron postergadas. Al contrario: se aceleraron. La transición energética parecía imparable.

En este 2026 el espíritu de época no es el mismo. La segunda presidencia de Donald Trump nos ha mostrado cómo el odio y la rabia pueden volcarse contra las políticas climáticas y contra las energías limpias, y la creciente familia de las derechas radicales en todo el mundo tiene enormes incentivos para imitarle y hacer lo mismo. Vivimos en un mundo bajo la amenaza permanente de la guerra comercial, donde se vuelve a hablar alegremente de rearme y de priorizar gastos de defensa y, a diferencia de 2020, ahora sí vemos tendencias y presiones para postergar determinadas políticas.

Nada de esto es el escenario ideal, pero creo que conviene relativizar. Si en algún momento pensábamos que la transición energética iba a ser un camino de rosas, era claramente un pensamiento naíf. El mundo fósil y sus intereses están totalmente arraigados en grandes corporaciones, importantes países y estructuras ideológicas, y todo esto no iba a dejarse desplazar entre abrazos y aplausos. En el mejor de los casos, jugarán a dos barajas, intentando adaptarse a los nuevos tiempos con inversiones en energías limpias, pero maniobrando para alargar el *statu quo* el máximo tiempo posible. En el peor, librarán una feroz batalla contra la transición energética con todas las herramientas al alcance de su mano: aranceles, bulos, pseudociencia e impulsos nacionalistas.

Sin embargo, ya no estamos en el mundo en que vivíamos cuando éramos niños. Analizamos el mundo, por defecto, en base a los parámetros que aprendimos en su momento, pero eso solo es un reflejo de nuestras dificultades para adaptarnos a las nuevas realidades. Hace unas décadas EE. UU. era el señor del mundo y quien marcaba las dinámicas globales y, a nivel energético, la OPEP era un terrible cártel que podía mandar la economía mundial a la UCI. Hoy nada de eso es así. Los EE. UU. son poderosos, pero más de la mitad de la población mundial vive en los llamados BRICS (Brasil, Rusia, India, China y Sudáfrica). La economía china se acerca progresivamente a la de los EE. UU. y es posible que la iguale en poco más de una década. La OPEP ya no controla ni la mitad de la producción del petróleo mundial, y un país como Rusia es ahora económica y políticamente —que no militarmente— irrelevante, a diferencia de lo que fue la URSS.

En este contexto, debemos mirar cada vez más hacia Asia y, concretamente, a China. Si bien no seré yo quien defienda su modelo político, esta sigue su camino, haya *trumpismo*, guerra comercial o maniobras de la OPEP para subir el precio del petróleo. En el gigante asiático se están produciendo cambios profundos a nivel de estructura energética. El crecimiento en el desarrollo de las energías solar y eólica parece no tener techo. El aumento en la venta de coches eléctricos es constante. Es más: se está comenzando a disparar la tasa de adopción de camiones eléctricos, lo que permitirá una reducción más rápida de la demanda de petróleo. China ha creado toda una política industrial alrededor de las tecnologías limpias, y no va a dejarla de lado porque al presidente Trump no le gusten los aerogeneradores o los coches eléctricos.

Reconozco que no deja de ser paradójico que la esperanza climática del mundo sea el país más contaminante del planeta, pero es una de esas situaciones que suceden en épocas de cambio acelerado, cuando la contradicción entre lo establecido y lo proyectado alcanza el antagonismo. Esta es la esencia del mundo de hoy, donde las realidades que pensábamos establecidas se nos deshacen entre las manos y todo parece más confuso que nunca.

Pero detrás de los momentos, de la velocidad endiablada de noticias y acontecimientos, y de los discursos grandilocuentes y encendidos con aromas a imperialismo de los años treinta, sigue habiendo unas realidades estables y con vocación de permanencia. Que las energías solar y eólica sean las formas más baratas de generar electricidad en prácticamente todo el mundo no es algo que se pueda esconder debajo de la alfombra. Que en 2025 se estén fabricando más de millón y medio de vehículos eléctricos al mes y que su adopción crezca en casi todo el mundo con las dinámicas clásicas de adopción de nuevas tecnologías, tampoco. El volumen de estas tecnologías y los intereses nacionales, económicos y laborales que representan ya son de suficiente envergadura para que no puedan ser frenadas a nivel global por muchas restricciones que les pongan Donald Trump y sus imitadores. Aunque extirpásemos la cuestión climática del análisis, aquí ya operan causas de política industrial y autonomía energética que van a hacer que esta sustitución tecnológica continúe.

Como he intentado explicar en el libro, uno de los grandes errores que se comete desde el activismo frente al cambio climático es pensar que solo es válido, adecuado o aceptable aquello que parte de la convicción profunda y la acción desinteresada. Si la descarbonización se produce movida por intereses económicos o nacionales, ya no nos gusta: la consideramos falsa y desconfiamos de su validez. Pero eso nos está cegando y nos está haciendo entrar en la espiral de pesimismo existencial que precisamente mata la acción climática.

Todos los acontecimientos y transformaciones geopolíticas y económicas a las que asistimos desde la salida de la pandemia son potencialmente un riesgo para la descarbonización, pero también podrían ser una palanca si se orientan de la forma correcta. No hay un destino fatal en ninguno de estos cambios, son nuevos escenarios que cierran caminos, pero también abren otros.

Es el caso, por ejemplo, de las amenazas continuas sobre aranceles y guerra comercial. Este nuevo proteccionismo puede generar problemas para la expansión de las tecnologías limpias de origen asiático por el resto del mundo y, también, puede ocasionar represalias económicas generales que afecten a las tecnologías más competitivas con el objetivo de mantener otras obsoletas, pero fabricadas en el país. Sin embargo, ese mismo escenario podría llevar a la convicción de que no se puede depender energéticamente de terceros para no ser vulnerable a amenazas o chantajes, lo que podría desembocar en un desarrollo más intenso de energías renovables.

Sucede lo mismo con las políticas internas de los Estados. El ocaso del mundo de la globalización no se ve solo en las guerras comerciales, también lo vemos en la propia transformación de los Estados, que han pasado de adorar el no-intervencionismo económico a ser cada día más conscientes de la necesidad de esa intervención. Otra de esas frases que han envejecido fatal es esa de que «la mejor política industrial es la que no existe», frase que en España se atribuye al exministro socialista Carlos Solchaga, pero que parece ser del premio Nobel y economista de la escuela de Chicago Gary Becker. Hoy esa frase hace echarse las manos a la cabeza a cualquiera. La política industrial ha vuelto de forma más o menos evidente y eso abre un nuevo escenario. Esta intervención puede ser inmovilista y retardista, o bien, catalizadora de grandes transformaciones industriales hacia las tecnologías limpias. Tenemos ejemplos de todo tipo en el mundo, por tanto, no es ni un regalo divino ni una maldición. Es simplemente otro escenario en disputa.

Soy totalmente consciente de que, cuando las cosas que parecían sólidas y establecidas se muestran de nuevo en riesgo, las dinámicas de pesimismo invaden a las sociedades. En una guerra, y ésta en cierto modo lo es, ver que el avance del frente se frena afecta al estado de ánimo, sobre todo cuando la propaganda del bando contrario lanza consignas bravuconas de reconquista. Pero dejarse llevar por esto sería precisamente hacer lo que el enemigo pretende que hagamos. Hay que mantener la cabeza fría, analizar la realidad de forma objetiva y entender que las cosas nunca son fáciles.

La transición energética es una fuerza que ya no se puede destruir. Lamentablemente, sí se puede frenar. Y cada vez que actores poderosos la ralenticen, le sumaremos una nueva décima de grado al planeta. La pelea en este momento no es si en el futuro el sistema eléctrico se basará en fuentes renovables, la movilidad será eléctrica o si la electricidad se convertirá en nuestra fuente de energía final de referencia. Eso va a pasar tarde o temprano. La pelea está en hacerlo ya, con toda la velocidad que podamos imprimirle al proceso y poder llegar a ese futuro con un planeta que se haya calentado menos de dos grados, y no con uno que lo haya hecho tres. No es cosa menor, las consecuencias pueden ser catastróficas para muchos países y para cientos o miles de millones de personas si no lo hacemos a tiempo.

No quiero abusar de tópicos, pero cada décima de grado cuenta. Una décima de grado más es un gran problema, pero hundirse anímicamente porque no hemos conseguido parar el cambio climático en una décima de grado menos de lo estipulado sería una hecatombe. Igual que los sectores fósiles van a pelear por seguir con sus negocios tradicionales un poco más, los defensores de la descarbonización debemos pelear cada décima de grado sin importar si hemos perdido la anterior.

En todo caso, déjenme hacer un planteamiento estratégico más general. Si realmente somos conscientes del enorme problema del cambio climático y que frenarlo debe ser la máxima obligación de nuestra generación, si realmente comprendemos que el retardismo climático es poderoso y que el camino no es fácil, deberemos entender que necesitamos amplias alianzas sociales para poder asegurar este proceso con las máximas garantías y velocidad. Y amplias alianzas implica que necesitamos aliados poderosos y que, también, tendremos que ceder en cosas accesorias o menos urgentes para tejer estas alianzas.

En el camino de la descarbonización no solo puede haber activistas climáticos, tendrá que haber sectores económicos favorables a la descarbonización, fuerzas políticas de distinto signo que entiendan la urgente llamada de la Ciencia, medios de comunicación comprometidos, asociaciones, sindicatos y, en general, sectores que puedan comprometerse con el cambio. Pero esto implica entender que estos agentes tienen intereses, y que por lo tanto habrá que tenerlos en cuenta en aras de una gran coalición climática. Si alguien tiene problemas en aliarse con un sector económico porque tiene intereses de lucro, con un sindicato porque quiere mejores condiciones laborales, o con un político porque tiene una ideología distinta a la suya, es que el problema para la acción climática es él, no esos agentes.

Creedme: tenemos aliados en muchos sitios. Empresas del sector de las energías limpias, sindicatos industriales que apoyan la reindustrialización, países dependientes energéticamente, poblaciones vulnerables al cambio climático, científicos que no comprenden la lentitud del cambio, técnicos, profesionales y muchos otros sectores. Y al final no hay que hacer grandes equilibrios para trazar un programa común, ya que el camino y la hoja de ruta son de sobra conocidos. Simplemente cabe organizarse a su alrededor. Insisto: quien solo ve problemas es porque probablemente él es el problema.

A lo largo del libro he explicado que descarbonizar nuestra sociedad y mantener la estabilidad climática de nuestro planeta es un objetivo posible. Tenemos tecnología para hacerlo, ejemplos de éxito, directrices y sabemos por dónde empezar. La desconfianza, la suspicacia, los prejuicios y la incapacidad para tomar decisiones que incomoden a algunos sectores juegan en nuestra contra, pero son realidades que tenemos identificadas y que podemos superar con convicción y valentía.

Os pedí en el primer capítulo que no os dejaseis arrastrar por el pesimismo. Era lo único que os requería por aquel entonces. Pero, llegados a este punto, permitidme abusar de vuestra confianza para demandaros un poco más. Ruego confiéis en lo que habéis leído, en las cosas buenas que os he contado. Es un análisis sincero y honesto, que traza un camino que merece la pena ser recorrido. Y os pido que lo hagáis, porque la confianza en otros va a ser la única forma que tendremos de mantenernos a flote para llegar a puerto en el mar de suspicacias y desinformaciones al que nos hemos visto abocados y que nos toca navegar. Confiad. Confiad, por favor. Fiaros de la gente honesta, de quien se lo merezca, pero no dejéis de hacerlo. Sin las instituciones y lo que hay detrás de ellas, las personas, no hay sociedad posible. Y sin esta, los que gritan más fuerte y los que pueden pagar altavoces más grandes acabarán por imponerse. Y no lo harán para siempre, porque un engaño no dura eternamente. Pero de hacerlo, tal vez no nos quede casi nada cuando las aguas vuelvan a su cauce.

Y en base a esta confianza, que interpretaré como otorgada, dejadme insistir en la idea de que el pesimismo es un lujo que no nos podemos permitir. No en este momento. Es más cómodo, más fácil, más apetecible; hay quienes, incluso, lo consideran glamuroso y símbolo de inteligencia. Pero hoy no es más que el veneno que nos inoculan los autoritarios, los inmovilistas, los defensores del *statu quo* y los que quieren que nada cambie porque así les va bien.

El clima de este planeta solo se estabilizará con una combinación adecuada de optimismo y realismo. Nunca con el pesimismo por bandera.

Confiemos. No hay otra.

Bibliografía

«2023 UK greenhouse gas emissions» (2024). Department for Energy Security & Net Zero. https://assets.publishing.service.gov.uk/media/6604460f91a320001a82b0fd/uk-greenhouse-gas-emissions-provisional-figures-statistical-release-2023.pdf

«Cement and steel — nine steps to net zero» (2022). *Revista Nature.* https://www.nature.com/articles/d41586-022-00758-4

«China's operating high-speed railway to hit 60,000 km by 2030» (02-01-2025). The State Council of the People's Republic of China. https://english.www.gov.cn/news/202501/02/content_WS67764b48c6d0868f4e8ee732.html

«COP28 Agreement Signals "Beginning of the End" of the Fossil Fuel Era». UNFCCC. https://unfccc.int/news/cop28-agreement-signals-beginning-of-the-end-of-the-fossil-fuel-era

«Electric car sales in China, 2019-2024» (2025). International Energy Agency. https://www.iea.org/data-and-statistics/charts/electric-car-sales-in-china-2019-2024

«Electricity Data Explorer». Ember. https://ember-energy.org/data/electricity-data-explorer/

«Esbjerg Heat Pump reference case». MAN Energy Solutions Switzerland Ltd. https://www.man-es.com/docs/default-source/document-sync/esbjerg-heat-pump-reference-case-eng.pdf

«Heat Pump reference case Helen Helsinki». MAN Energy Solutions Switzerland Ltd. https://www.everllence.com/docs/default-source/energy-factsheets/heat-pump-fact-sheets/everllence_factsheet_helsinki.pdf

«Obligation of states in respect of Climate Change» (23-07-2025). International Court of Justice. https://icj-cij.org/sites/default/files/case-related/187/187-20250723-adv-01-00-en.pdf

«Off-grid Solar Could Provide First-time Electricity Access to Almost 400 Million People Globally by 2030». World Bank. https://www.worldbank.org/en/news/press-release/2024/10/08/off-grid-solar-could-provide-first-time-electricity-access-to-almost-400-million-people-globally-by-2030

«Our World in Data». https://ourworldindata.org/

«Pakistan is experiencing a solar power boom. Here's what we can learn from it». (25-11-2025). World Economic Forum. https://www.weforum.org/stories/2024/11/pakistan-solar-power-energy-transition/

«Registreringsstatistikken». Opplysningsrådet for veitrafikken. https://ofv.no/registreringsstatistikk

«Sixth Assessment Report» (2023). IPCC. https://www.ipcc.ch/assessment-report/ar6/

«Usos del agua en España, 2022/23» (2025). Ministerio para la Transición Ecológica y el Reto Demográfico. https://www.miteco.gob.es/content/dam/miteco/es/agua/temas/seguridad-de-presas-y-embalses/informes-usos-del-agua/usos_agua_22-23_media.pdf

«Verein KlimaSeniorinnen Schweiz and Others v. Switzerland». https://www.climatecasechart.com/document/klimaseniorinnen-v-switzerland-ecthr_e78f

Arendt, H. (1951). *Los orígenes del totalitarismo.* Editorial Taurus (Ed. 1998).

Chancel, L. «Global carbon inequality over 1990–2019». *Nat. Sustain* 5, 931–938 (2022). https://doi.org/10.1038/s41893-022-00955-z

FRESCO, P. «La utopía perdida» (17-04-2022), en *infoLibre*. https://www.infolibre.es/opinion/plaza-publica/utopia-perdida_129_1225218.html

FRESCO, P. (2023). *Energy Fakes.* Editorial Barlin.

IEA (2020). «Gas 2020», IEA, Paris https://www.iea.org/reports/gas-2020

IEA (2023). «Oil 2023», IEA, Paris https://www.iea.org/reports/oil-2023

IEA (2024). «Coal 2024», IEA, Paris https://www.iea.org/reports/coal-2024

LANGWORTH, R. M., (2009). «Quotations Winston Churchill Never Said» https://richardlangworth.com/quotations

MOORE, F. C., DRUPP, M. A., RISING, J. et al. (2024). «Synthesis of evidence yields high social cost of carbon due to structural model variation and uncertainties», *Proc. Natl. Acad. Sci. U.S.A.* 121 (52) e2410733121 https://www.pnas.org/doi/abs/10.1073/pnas.2410733121

SHENGYUE LI, SHUXIAO WANG, QINGRU WU, et al. (2023). «Emission trends of air pollutants and CO2 in China from 2005 to 2021». *Earth System Science Data.* Volume 15, issue 6. https://essd.copernicus.org/articles/15/2279/2023/#:~:text=Since%20then%2C%20emissions%20of%20multiple,2021%20(MEE%2C%202021)

ZHIYI YUAN, CHANGGUI DONG, XUNMIN OU (2023). «The substitution effect of high-speed rail on civil aviation in China», *Energy,* Volume 263, Part C. https://www.sciencedirect.com/science/article/abs/pii/S0360544222027992

Desde Barlin Libros agradecemos tu interés
en *El arte de impulsar el cambio.*
Para enterarte de todas nuestras
novedades y publicaciones,
no dudes en visitarnos en:

www.barlinlibros.org

Y seguirnos en:

@barlinlibros

Asimismo, te invitamos a trasladarnos
cualquier consulta, duda, comentario
o sugerencia a través de nuestro e-mail:

editorial@barlinlibros.org

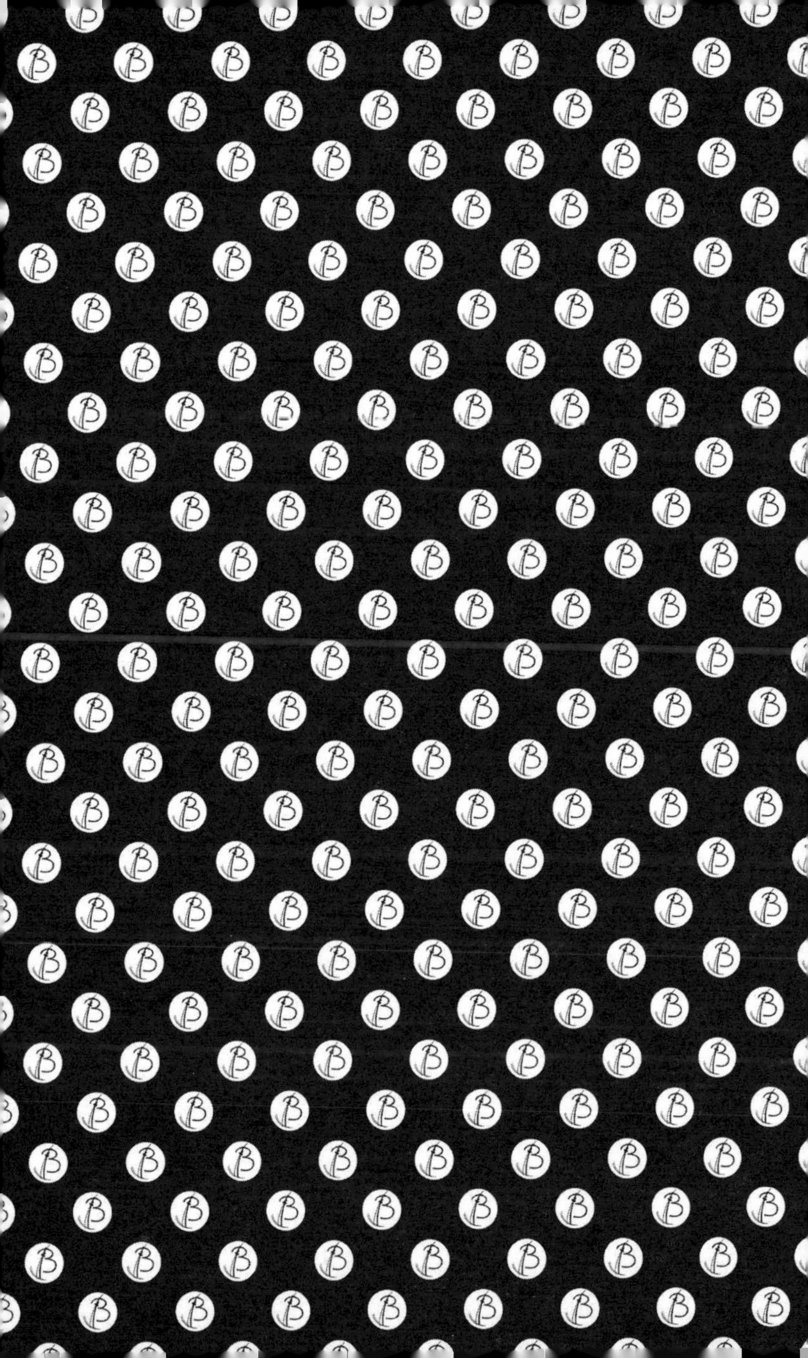

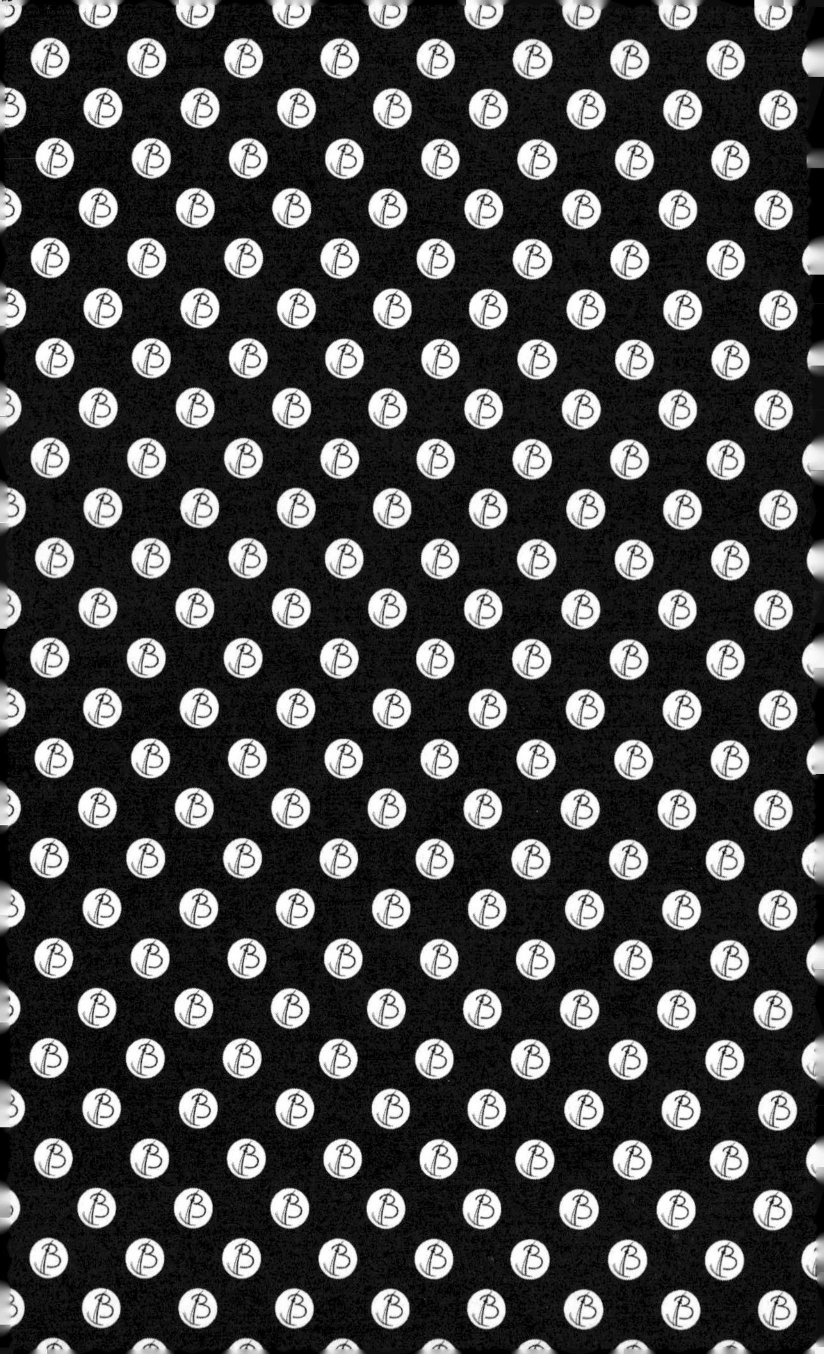

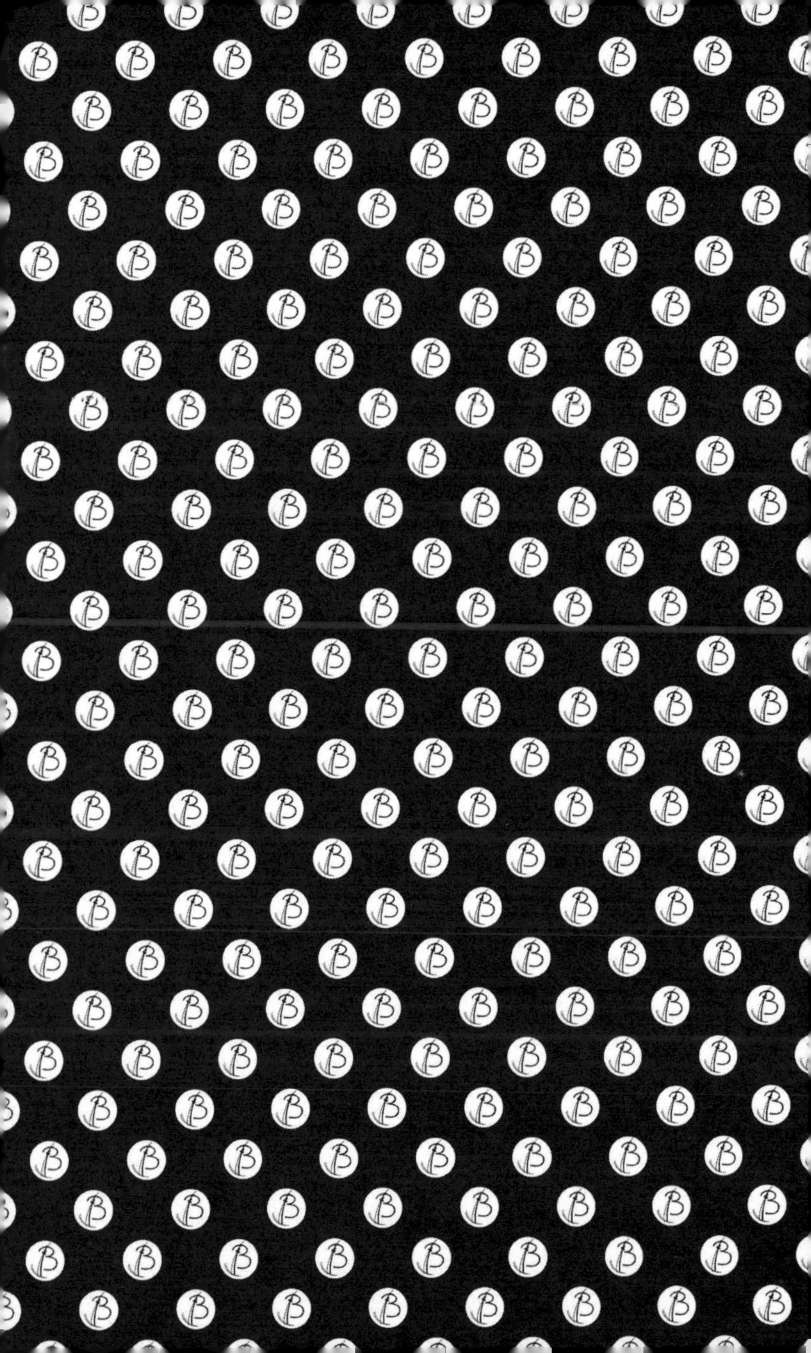

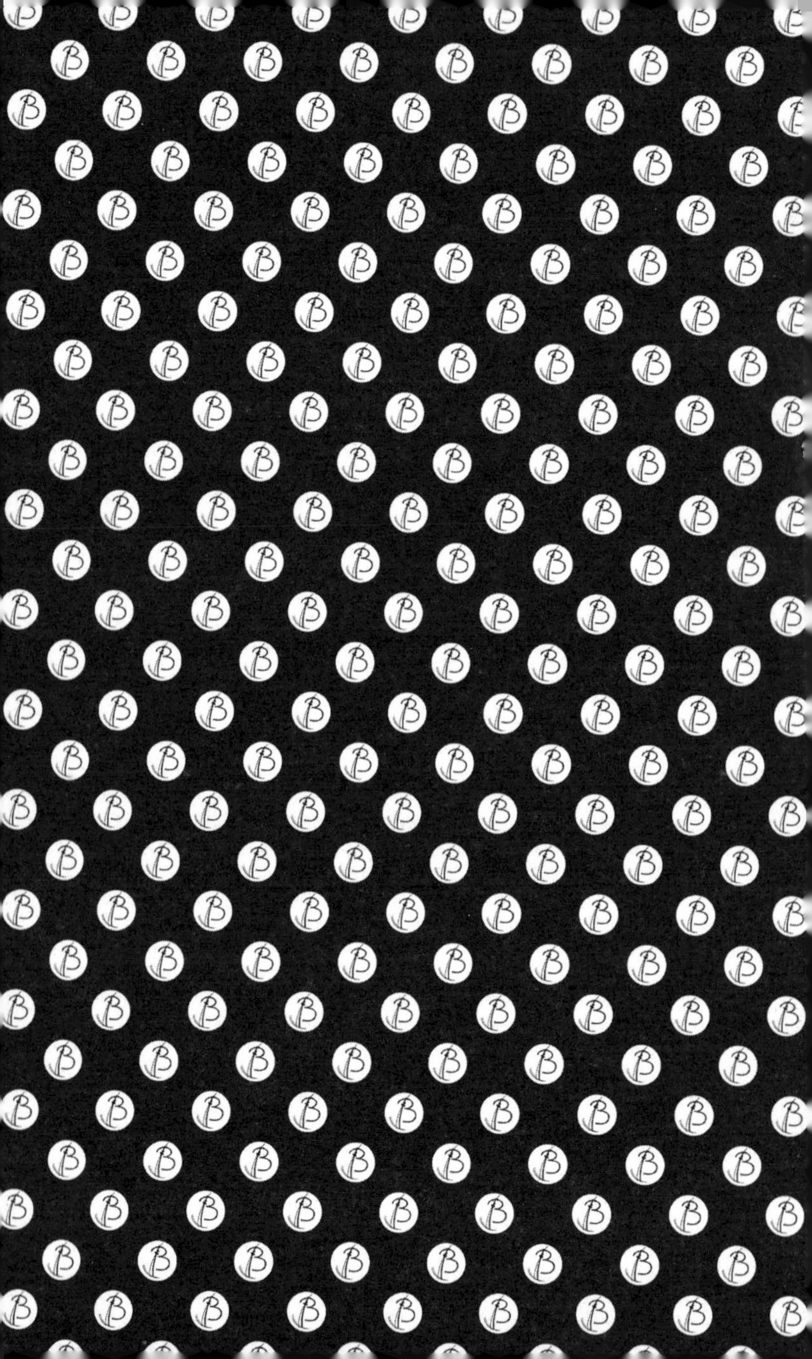